KB170846

매니저가 경쟁력이다

성공하는 조직관리
인재가 크는 조직

조성빈 김석규 최장호 한광모

온하루

매니저가 경쟁력이다

성공하는 조직관리
인재가 크는 조직

조성빈 김석규 최장호 한광모

온하루

무거운 마음으로
시작하는 글

    우리는 반평생을 '인사밥'을 먹고 살아온 인사HR쟁이들이다. 경영학과에서 인사조직을 전공하고, 기업의 인사팀에서 근무하고, 글로벌 회사에서 인사조직 컨설턴트로서 일한 경험이 있다. 20여 년 전 한국의 기업이 '성과주의 인사시스템'을 도입할 무렵, 기업 현장에서 구현한 결과치로 그 시스템의 성과를 분석하는 연구를 진행한 적도 있다. 그런데도 시간이 흐를수록 '성과주의 인사시스템' 도입에 직간접적으로 영향을 주었다는 책임감에 어깨가 무거워졌다. 그 시스템의 효과에 반신반의하고 적지 않은 부작용이 따른다는 사실을 알면서도 많은 기업에 권고했기 때문이다. 성과주의 인사시스템을 전면 부정한 것은 아니지만, 명확한 부작용을 알면서도 조언을 회피했다는 자괴감이 뒤따랐다.

부끄러운 마음으로 자기반성적 글쓰기를 시작한 지 10년이 돼간다. 쓰다가 지우고 또다시 쓰고 멈추기를 반복하다가 어느새 책 한 권의 분량에 이르렀다. 그러나 여전히 어떤 방향으로 결론적인 주장을 제시할지 막막하기만 하다. 끝내 '인사제도' 관점이 아닌 기업 전체 관점에서 한국 기업의 바람직한 조직 운영으로 주제를 확장하기로 결론 지었다. '조직관리모델' 관점에서 인사제도와 조직 운영을 성과주의 인사시스템의 한계를 넘어설 새로운 아젠다를 제안하기 위해서다.

이를 위해 본문은 지난 20여 년간 한국 기업에 만연한 성과주의 인사시스템을 냉정하게 비판한다. 그동안 인사컨설팅 시장은 MBO, BSC를 거쳐 OKR이라는 키워드를 내세워 성과관리 제도의 변경이 곧 인사 혁신인 양 인사제도를 변경하는 데 주력했다. 우리는 이러한 성과주의 제도 변경이 가진 한계와 왜곡을 지적하고, 이를 극복할 방법론으로 실질적인 인사 혁신을 구현하기 위한 '조직관리모델'이라는 확장된 개념을 제시하고자 한다. 이미 수많은 전문가가 지적했듯, 사람의 성과는 정규분포에 꿰맞춰지지 않는다는 점과 놀랍게도 금전적 유인이 효과적이라는 연구 결과가 거의 없다는 점도 언급한다. 이것이 인간 신뢰에 기반한 조직관리모델로의 전환을 주장하는 이유다. (1장).

조직이 역동적으로 돌아가기 위해서는 권한을 위임받은 조직관리자가 책임을 지고 운영해야 마땅하다는 것이 조직관리모델의 핵심이다. 따라서 조직관리자에게 권한을 위임할 때 그에 걸맞은 책임을 부여하고, 조직 운영에 필요한 여건과 모델을 구체적으로 마련해줘야 한다. 이때 조직관리자는 일과 평가가 분리되지 않도록 직원들 간 인식의 눈높이뿐 아니라 조직관리자 간의 판단 기준도 맞출 필요가 있다. 부연하면, 단순한 기능 중심으로 접근했던 인사관리에서 탈피할 때라야 직원들의 본질적인 육성이 가능하다는 말이다. (2장).

조직관리는 '인사철학 Philosophy – 인사정책 Policy – 인사 프로세스 Process – 관행/규범 Practice'이라는 4P로 이루어지는데, 이를 실행하는 주체는 People(관리자 – 직원)이다. 결국, 조직관리는 '조직관리자, 직원, 인사부서'라는 3주체가 역동적으로 펼치는 예술 행위라 할 수 있을 것이다. 그 핵심에 위치하는 조직관리자에게 재량권을 주고 성과에 책임질 수 있도록 온전한 지위를 부여한다. 이렇듯 새로운 조직관리모델을 구현하면 기존 인사부서 업무도 새롭게 재편되며 그에 걸맞은 새로운 역할을 자연스럽게 부여받는다. (3장).

4장에서는 조직관리자가 활용할 수 있는 방안과 도구를 제안했고, 5장은 글로벌 IT 기업의 매니저 중심의 육성형 인사 운영 시스템 사례를 실었고, 6장은 한국기업의 성과주의 도입과 전파 20년을 다루었다.

사실, 우리가 제시하는 조직관리모델은 특별하거나 참신한 아이디어가 아니다. 글로벌기업이 당연하게 받아들이고 적극적으로 활용하는 모델이다. 최근 빠르게 성장하는 한국의 IT 기업들도 자연스럽게 받아들이는 현상이다. 그런데 유독, 기존의 한국기업들은 여전히 과거의 인사부서 중심 모델에서 벗어나지 못한 채 조직관리모델 적용에 주저하고 있다. 이런 안타까운 마음으로 이 책을 준비하였는데 미력하나마 우리나라 기업에 도움이 되는 조언이기를 바란다.

이 책의 제안과 주장은 지극히 일반적이며 뼈대에 해당하는 아젠다에 불과하다. 구체적인 적용은 산업의 특성, 기업의 역사, 인력의 구성, 성장 단계 등에 따라 차별화가 있을 수 있다. 그런데도 근원적인 주장은 권한을 위임받은 조직관리자가 책임지고 조직을 운영할 수 있는 모델을 구축하여 조직의 활력을 되찾자는 것이다.

새로운 조직관리모델의 대전제는 '인간에 대한 신뢰'이다. 성과주의 인사시스템의 가장 큰 한계는 서로를 불신하는 인간관에서 비롯된다. 굳이 ESG 경영 트렌드를 언급하지 않더라도, 미래 기업의 경쟁우위는 '사람'과 '조직력'이 될 것이다. 기업의 자산인 '사람'과 '조직력'은 '돈'으로는 환산할 수 없는 인간 신뢰가 응축되어 만들어지는 에너지다. 돈으로는 절대 살 수 없는 사람들이 구성원이 되어 건강한 긴장감을 유지한 채 '일'하는 과정에서 만들어 내는 협력의 시너지가 조직력으로 귀결되는 것이다. 회사를 '준거집단'으로 생각지 않고 언제든 떠날 기회를 엿보는 젊은 구성원들의 최근 사회상을 반영하면, 신뢰에 기반한 조직관리모델 구현은 현대 기업이 당면한 필수 불가결한 아젠다가 된다.

이제 기업조직은 '만인의 만인에 대한 무한 경쟁'의 정글이 아닌, 상호신뢰와 협력을 바탕으로 동반 성장하는 모델을 추구해야 한다. 조직관리자를 키우고, 그가 재량권을 가지고 직원들과 장기적인 성과를 낼 수 있는 장으로 존재해야 마땅하다. 한국기업의 체질 강화를 위한 근본 아젠다를 함께 고민하고자 부족한 생각을 한 권의 책에 담았다. 모쪼록 우리나라 기업이 '사람'을 믿고 '조직력'을 키워가는 데 작은 보탬이 되기를 소망한다.

2023년 3월 지은이들

추천사

서울대학교 경영학과 윤석화 교수

지난 20여 년간 우리 기업은 많은 변화를 경험해왔다. 변화의 핵심에는 항상 성과주의가 자리 잡고 있었다. 특히, 인사시스템을 설계할 때는 성과주의를 전제로 설계하곤 했다. 그럴듯해 보이지만, 성과주의가 과연 무엇인지, 성과주의를 굳이 경영방침으로 이야기할 필요가 있는지를 끊임없이 질문했다. 성과 추구는 경영에서 너무나도 당연하기에 성과주의 인사시스템을 도입하자는 것은, 어찌보면 단순한 주장처럼 보인다. 이러한 맥락에서 성과주의를 비판하는 저자들의 지적과 식견은 예사롭지 않다.

[성공하는 조직관리, 인재가 크는 조직]은 기업체 대표이사, 글로벌기업 경영컨설턴트, 외국계 기업 HR파트너(인사조직관리자),

대학교수, 네 사람의 자기 고백서다. 지난 20년 동안 우리 기업에서 횡횡한 성과주의 인사시스템의 성찰과 반성을 담았다. 성과주의는 개인 간 보상 차별화가 아니다. 기업이 필요로 하는 인재는 성과평가(인사고과) 점수순이 아니다. 성과주의 인사시스템을 실행한 기업은 정글의 법칙만 남았다. 점수, 등급 위주의 상대평가 때문에, 오늘도 우리 기업의 구성원들은 소모적인 경쟁을 한다. 시너지를 창출해야 하는 기업에서 소모적인 경쟁을 일삼는 아이러니를 발생시키고 있다.

저자 사인방은 인사팀을 해체하라는 파격적인 주문을 한다. 관행이 된 성과주의 인사관리에서 벗어나 새롭게 조직관리를 해야 한다고 주장한다. 이들은 조직관리자(리더), 구성원, 인사부서가 조직관리의 세 주체인데, 이 중에서 조직관리자가 중심이 되어야 하고, 조직관리가 세 주체 간의 다이내믹한 예술 행위가 되도록 조직관리모델을 설계해야 한다고 주장한다. 현장경영의 관점에서 보면 당연한 이야기이다. 조직관리에서 현장에 있는 리더가 핵심이 되어야 함은 당연한 주장이다. 하지만, 우리는 당연한 논리를 그동안 인식하지 못하고 있었던 것 같다.

기업이 구성원을 신규 채용했을 때 그 구성원은 이미 인재였다. 그러므로 기업은 그 직원이 회사가 추구하는 성과를 내는 인재로 육성하기만 하면 된다. 여기서 인재 육성도 조직관리자가 중심이 돼야 한다고 설파한다. 조직을 실질적으로 관리하는 매니저가 활용하지 않으면 무용지물이 되고 만다. 저자들은 돈이 주가 되는 성과 관리가 아닌 사람이 중심이 되는 조직경영을 주장한다.

[성공하는 조직관리, 인재가 크는 조직]은 흥미진진한 스포츠팀 사례, 조직관리자(매니저) 중심의 외국기업 사례와 국내기업의 조직관리모델 사례도 담았다. 저자들은 학계에서 검증이 된 조직공정성 organization justice을 간단히 소개한다. 공정성 이론의 4가지 요인은 전적으로 개인의 주관적 판단이다. 그러므로 객관적 공정성은 존재하지 않는다. 최근 우리 사회는 조직공정성의 4가지 핵심 요소 중 지나치게 분배 공정성에 얽매이고, 이는 근시안적으로 조직을 경영하고 장기적인 경쟁우위와 구성원을 통한 가치 창출을 저해하게 만든다. 이를 극복할 때, 지속 가능한 경쟁우위를 확보할 수 있는 기업을 만들 수 있을 것이다.

2023년 2월 관악산에서

윤석화

CONTENTS

제 1 장

거짓 성과주의를
제발 버리자

제1장

거짓 성과주의를
제발 버리자

1. 잘못된 출발

IT 혁명에 따른 디지털시대는 인사 부문에서도 새로운 변화가 필요했다. 새로운 시대에 걸맞은 인재상과 인사전략에 따라 인사부서의 역할도 바뀌어야 했었다. 인력 채용의 방법이 다변화·첨단화되고, 일상화된 IT 환경에 따라 필요한 인재의 요건도 변화하여 참신한 인재상을 고민하게 되었다. 기업경쟁의 원천이 달라지고 경영환경도 수시로 급변하므로 인사전략 역시 수정이 불가피하다고 모든 전문가들이 주장하였다.

인사부서는 과거 수동적인 인력수급과 급여·복리후생을 제공하느 지 워부서에서 벗어나 기업 전략에 적극적으로 동참해야 한다. 기업의 전략을 적극적으로 해석하여 그에 맞는 변화를 주도적으로 선도하는 비즈니스 파트너로 거듭나야 한다. 과거 행정처리 위주의 활동에서 전략적인 역할로의 전환이 필요하고, 대 직원 관계에서도 수동적·통제적 역할에서 지원과 서비스를 선제적으로 제공하는 역할로 변모해야 한다. 이러한 지적은 20여 년 전 Davis Ulrich 교수가 Human Resource Champion(1997년)라는 저서에서 이미 설파한 핵심 내용이다.

1990년대 후반, 우리나라는 IMF 경제 위기를 겪으면서 '성과주의 인사관리'가 거대한 테마로 형성되었다. 당시, 인사부서의 역할 변화와 위상 제고가 부수적인 테마로 자리 잡았던 이유다. 이러한 테마가 한국 기업에 긍정적인 영향을 주었고 인적자원관리(이때부터 인사관리를 인적자원관리로 바꿔 불렀다)를 혁신적으로 이끌었다는 것도 분명한 사실이다.

인사부서가 과거처럼 통제적 입장에 서면 망한다.

하지만 업계 관련자들(인사담당자, 경영컨설턴트, 전공 학자)은 인사부서의 위상 강화와 새로운 역할만 강조했을 뿐 변화가 왜 불가피한지는 소홀했다. 변화의 핵심은 '인사부서가 과거처럼 통제적 입장에 서면 망한다'라는 것이다. 즉, 과거와 같은 인사부서라면 기업조직에서 설 자리가 없다는 점을 강조한 말이었다.

그래서 전통적 인사 기능의 핵심인 평가권과 보상권을 현장의 조직책임자(매니저)에게 넘겨주고 인사부서는 전략적 기획기능에 초점을 맞추도록 했다. 이렇듯 새로운 개념이 소개되었는데도 다수의 인사제도 혁신 프로젝트는 인사부서의 막강한 평가권과 보상권의 행사를 여전히 보장했다. 우리는 이러한 현상을 부끄럽지만 '인사부서와 경영컨설턴트의 담합'이라고 명명한다.

2. 성과주의에 대한 왜곡된 이해

2000년대를 지나면서 '성과주의'는 대한민국에서 누구도 부인할 수 없는 '신념'이나 '종교'처럼 인식되었다. 대기업들이 앞다투어 수억 원(때로는 10억 원 이상)에 이르는 투자를 통해 '성과주의 인적자원 관리제도'를 대대적으로 도입했다. 이 시기에 많은 글로벌 경영컨설팅사들이 큰 호황을 누리기도 하였다. 당시, 미래 유망한 직업 중 하나로 인사조직 경영컨설턴트가 언급될 정도였다.

그 후 20여 년이 지난 시점에서도 여전히 신념과 종교로 등치가 되는 '성과주의'에 대해 진지하게 문제를 제기하는 사람은 없었다. '성과주의'가 낳은 폐해에 대해서도 주목하는 자가 없었다. 우리 역시 '성과주의'를 부인하거나 폐지하자고 주장하는 것은, 결코 아니다. 오히려 '성과주의'의 긍정적 기능을 옹호하는 편이다. 기업이 이윤을 창출해야 생존하는 것이니 성과를 내는 것은 당연하다.

문제는 올바른 '성과주의'가 도입되지 못했다는 점이다. 우리나라에 소개된 성과주의는 편향되거나 과장된 면이 적지 않다. '거짓 성과주의'라고 불러도 전혀 이상할 게 없다. 모든 조직 운영과 인력관리를 '성과주의'로 대체하거나 성과주의에 맹신하는 모습을 보인다. '성과주의'를 도입하기 위한 기본 전제나 근본 철학에 대한 진지한 고민 없이 겉모양만 베낀 결과이다. '성과주의라는 무늬'만 빌려온 탓에 속출하는 폐해를 막을 수 없었다. 기업의 실정은 아랑곳하지 않고 '성과주의'만을 강조하다 보니 기업의 활력은 떨어지고 조직의 건강성마저 해치는 경우가 비일비재했다. 결국, '성과주의'의 도입은 개인별 '보상의 차등화'로 귀결되면서 '개인 간 보상 차별화'라는 괴이한 공식을 낳았다. 그런데도 '침묵의 늪'에 빠진 듯 문제를 제기하는 자는 없었다. 대한민국 국민이 성과주의라는 괴물에 압도당해 '집단 침묵'에 빠져버린 듯 조용했다.

성과주의는 '보상 차등화 제도'가 아니다.

실제, 개인이나 조직에 동기부여를 할 때 금전적인 요인이 효과적이라는 연구는 미미하다. 반면, 금전적인 측면을 강조하면 되레 성과가 떨어진다는 연구는 많다. 경영학 대부분의 연구는 동기를 부여할 때 약간의 금전적 방법을 사용하되 조직의 문화나 팀웍을 통한 성과향상을 근간으로 세우라고 조언한다. 여기에 훌륭한 성과에는 그에 상응하는 보상, 즉 신상필벌의 원칙을 정립하고 실천하라고 제시한다.

　그런데도 우리나라 기업들은 성과주의를 극단적으로 받아들여 기본급과 성과급을 차등 지급하여 우수한 직원과 열등한 직원 간의 경쟁을 부추겼다. 직원들의 경쟁을 과열시키는 것이 성과주의를 잘 실천하는 듯 인식되었기 때문이다. 이러한 병폐가 팀의 화합이나 충성심보다는 성과만 좋으면 그만이라는 위험한 현상으로 나타나기도 했다. 심지어 성과는 좋으나 이기적인 직원과 성과는 낮으나 조직에 헌신하는 직원 중 누구를 선택할지가 화두로 등장하기도 했다. 이러한 질문에 전자가 정답이라는 양 우기는 상황들이 속출했다. 이렇다 보니, 조직과 직원들 간의 건강한 경쟁과 긴장이 형성되기는커녕, 직원들은 서로를 '밟고 넘어야 할 대상'으로 인식하면서 조직의 기풍이나 끈끈한 동료애 같은 아름다운 추억은 과거의 유물로 전락했다.

　이윤을 추구하는 기업조직에서 '성과주의'를 도입하자는 주장은 사실 '어떤 주장도 하지 않는 것'이나 다름없다. 기업조직에서 '성과주의'는 생존을 위한 당연한 명제이다. '기업조직과 성과'는 떼려야 뗄 수 없는 불가분의 관계이기 때문이다.

　그동안 한국 기업에서 도입했던 '성과주의 인사시스템'은 한낱 '보상 차등 제도'에 불과할 뿐 성과주의 조직 운영 시스템과는 거리가 멀다. 1990년대 중반까지 한국 기업들은 인사평가 기능이라ㄱ 말하기도 낯부끄러운 태도, 업적, 능력 등을 체크리스트에 표시하거나 몇몇 항목에 점수를 부여하는 게 전부였다. 온전한 평가 프로세스라 할 수 없는 조잡한 기록이기에 활용 범위가 제한적일 수밖에. 평가를 받는 직원들조차 그런 프로세스가 있는 줄 몰랐고, 부서장들 역시 1년에 한 번 인사팀에서 보내주는 서류를 통해 직원들의 평가제도와 결과를 알게 되는 상황이었다.

이렇듯 성글게 인사제도를 운용하던 한국 기업들은 IMF를 경험하고 IT 혁명이라는 물결 속에서 경쟁환경이 치열하게 바뀐 상황을 인지하면서 과거의 연공서열식 인사 운용에서 성과주의 인사시스템으로의 전환을 시도한 것이다. 그 결과물이 '개인 간 보상의 차등화'로 귀결되었고, '개인 간 보상 차등화'에 따른 근거의 필요성으로 '인사평가'라는 행위에 주목했다고 볼 수 있다. 그러니 평가를 실행하는 동시에 목표를 설정하고, 평가자를 교육하고, 역량평가를 검토하는 등의 아이러니한 상황을 연출한 것이다.

큰 시대적 경영환경 변화에 걸맞은 인사평가와는 거리가 멀었다. 건강하면서도 경쟁력 있는 조직 운영에 대한 깊은 고민 없이 '성과주의'라는 외양만을 가져온 탓에 인사부서는 여전히 평가권과 보상권을 움켜쥐는 행태를 보인 것이다. 인사부서가 평가권과 보상권을 장악하면 현장의 책임자는 피동적인 존재로 전락해 조직을 주도적으로 운영할 수 없다. 조직원에 대한 업무평가뿐 아니라 직원의 보상조차 결정하지 못한다. 조직책임자를 허수아비로 세워놓은 꼴이다. 조직의 높은 성과를 위해 도입한 인사시스템이 오히려 독이 되어 경직된 조직을 유도한 것이다.

이것이 성과주의 인사시스템을 도입한 20년 동안에 대한 냉정한 평가이다. 한국 기업의 인사부서는 20년 세월을 낭비한 셈이다. 조직은 인사부서가 아닌 현장의 책임자가 운영해야 맞다. 현장 책임자에게 조직 운영에 필요한 '무기'를 쥐여줘야 하는 이유이다. 인사시스템은 책임자가 조직을 잘 관리할 수 있도록 도와주는 지원 시스템, 즉 '룰과 프로세스'에 불과하다. 인사부서는 조직책임자가 활용할 '룰과 프로세스'를 세팅하고 시기나 계기에 맞게 '프로세스'를 운영하는 역할이다. 아울러 인사부서는 현장의 조직책임자를 지원하고 CEO를 보좌하는 등의 다양한 역할을 담당한다. 광범위한 인사부서 역할에 대해서는 다음 장에서 재차 논의하기로 한다.

3. 사람의 성과 perfomance 는 정규분포가 아니다

대부분의 인사부서는 직원의 성과를 고려할 때 정규분포를 가정하고 접근한다. 평가 등급을 5단계로 나누든 4단계로 나누든, 중간 등급을 중심으로 좌우 대칭형 종 모양의 정규분포를 출발점으로 삼는다. 일부 회사는 좌우 대칭형 평가 등급 할당을 지적하는 직원의 불만을 수용하여 높은 등급의 배분 비율을 조금 높이는 편법을 사용한다. 실제적 성과분포가 정규분포가 아닐 거라는 의심은 추호도 없다는 판단에서다.

여기서 잠깐, 고등학교 때 배웠던 기본적인 통계 원칙을 상기해보자. 모집단의 확률이 정규분포를 이루려면 대전제가 필요하다. 바로 '독립성'이다. 확률은 개별 표본(조직에서는 사람의 성과)이 상호 영향을 주고받지 않고 '독립적'일 때 정규분포를 형성한다. 종 모양의 좌우대칭으로 정규분포를 잘 따르는 예시는 학생들의 키다. 학생들의 키 성장은 개별 학생들이 상호작용하지 않으며, 표본이 추가되더라도 전체 분포에 미치는 영향력은 없다.

하지만 개별 사건(표본)들이 상호작용하는 네트워크나 특정 사건의 영향력이 크게 작용하는 상황에서는 정규분포의 가정은 현실을 제대로 반영할 수 없다. 조직 내 직원은 절대 독립적인 존재가 아니다. (물론 1인 업무를 수행하는 예외적인 경우도 있지만, 이런 경우도 본인이 지휘 감독을 받는 매니저로부터 영향을 받는다) 조직 내 직원은 상호 유기적인 협력 아래 업무를 수행하기 때문에 '독립적'인 표본이 될 수 없다. 조직에서 긍정적인 영향을 주는 직원도 있지만, 동료에게 피해를 주는 직원도 존재한다. 따라서 조직원은 상호 간 무수한 영향력을 주고받으며 업무를 배분하고 의사결정을 하는 조직책임자(매니저)의 방식에 지대한 영향을 받는다고 할 수 있다.

그렇다면 조직 내 개인의 성과가 정규분포가 아니라면, 어떤 형태의 분포가 나타날까? 돌처럼 딱딱한 냉동 감자를 벽에 던지면 여러 조각으로 깨질 것이다. 과연 조각 패턴이 우리에게 친숙한 좌우대칭의 종 모양 정규분포와 유사할까? 덴마크의 과학자가 실험을 통해 조각의 무게가 반으로 줄 때마다 개수가 6배씩 늘어나는 패턴을 발견했다.

[그림 1-1] **멱함수 그래프**

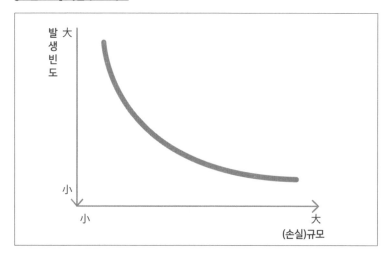

그래프는 왼쪽에서 오른쪽으로 갈수록 아래로 뚝 떨어지는 '둥근 L자' 모양을 그리고 있다. 무게가 큰 덩어리는 빈도가 작고 가벼운 덩어리는 빈도가 크게 나타나게 되어 오른 편으로 긴 꼬리를 형성하는 모양이 생기게 된다. 통계학은 이러한 현상을 '멱함수 Power Law' 분포라고 지칭한다. 영업 분야에서 자주 표현하는 20:80 법칙이 대표적인 멱함수 패턴이다. 에너지 방출이 두 배가 되면 빈도가 네 배로 줄어드는 지진도 멱함수 패턴으로 표현된다. 멱함수 패턴은 실제로 우리의 사회현상에서 정규분포보다 흔하게 나타나는 분포라 할 수 있다.

따라서 조직 내 상호작용으로 낳은 직원들의 성과는 정규분포보다는 멱함수 분포에 더욱 가깝다. 조직을 운영해보면, 직원들의 성과는 대체로 비슷한 범위 내에서 존재한다. 그중 독보적으로 성과를 내는 직원이 특정한 시기에 등장하는 반면, 조직에 부합하지 못하는 저성과자도 종종 나타나곤 한다. 이러저러한 변수를 적용하여 조직의 채용상황을 고려하면, 정규분포보다는 멱함수 분포 가정이 더욱더 합리적이라는 생각이 든다.

이론적인 사고실험을 해봐도 결과는 마찬가지다. 회사에서 채용할 목표 인원을 정하고(예를 들어 20명이라고 가정하면), 전체 후보자 중(지원자가 100명이라고 가정하면) 가장 먼저 1위를 선발할 것이다. 그다음 2위, 3위 순위를 매겨가면서 20번째 지원자에서 선발을 끝낼 것이다. 21위부터 100위까지는 순위를 매길 수도 아닐 수도 있다. 그렇다면 100명의 지원자를 정규분포라고 가정하더라도 상위 20명은 모든 면에서 우수한 그룹으로 선택된 것이고, 이들의 성과나 역량은 최우수부터 차례로 순서를 정했다고 할 수 있다. 즉, 이들의 예상 성과와 역량이 '완만한 L자' 모양으로 그려진다는 말이다.

이렇듯 멱함수 분포로 채용한 직원을 출근 첫날부터 정규분포에 따라 높고 낮은 등급으로 재편한다는 것이 코미디지 않은가? 비슷한 성과를 보이는 직원들을 '성과에 따른 보상 pay for performance'이라는 명분으로 4단계 혹은 5단계로 상대 배분 평가하여 차등 보상한다는 것은 조직을 망치는 지름길이다. 논리적으로도 모순이라는 점은 따로 논할 가치도 없다.

4. 금전적 유인이 효과적이라는 증거는 없다

일반적으로 성과주의 인사시스템의 핵심은 '높은 성과에 더 많은 보상을 하겠다'라는 논리다. 높은 성과를 달성하기 위해 '도전적인 목표를 정해서 그 목표를 초과 달성'하도록 유도한다. 이런 논리는 직원들에게 '더 많은 보상을 원하면 더 높은 성과를 보여줘야 한다'로 전달된다. 얼핏 당연한 말처럼 들리지만, 사람은 돈을 더 많이 벌기 위해 목표(성과)를 달성할 거라는, 즉 잘못된 인간관에 기초한 주장이다. 인간관을 왜곡한 이 논리가 '성과주의 인사시스템'의 근간으로 활용돼온 것이다. 과연, 금전적 인센티브(유인)가 성과달성에 효과적이라는 주장은 옳은가? 사실, 이러한 주장은 아무런 이론적 근거가 없다. 그런데도 학계나 컨설팅 업계 또는 실무현장에서조차 아무런 반론없이 무작정 수용했다. 실로 놀라운 일이 아닐 수 없다.

[그림 1-2] **동기부여 이론 그래프**

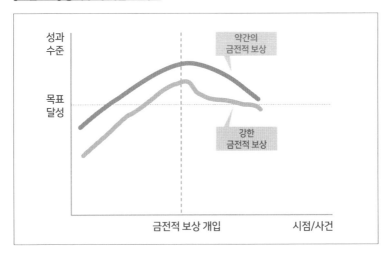

경영학에서 성과와 금전적 동기부여를 다룬 이론은 많지 않다. 애써 해당하는 이론을 찾자면 '목표설정 이론 goal setting theory' 정도일 것이다. '목표설정 이론'은 '목표를 높이 세우고 도전하면 동기부여가 되어서 그 결과로 성과를 달성할 수 있다'라는 것이다. 그리고 그 결과로 개인의 만족이 높아질 거라는 설명을 덧붙인다. 사실, 이러한 주장도 엄밀한 사회과학적 이론이라고 보기는 어렵지만, 기업조직에서 적용할 수 있는 논거로는 충분하다고 여겨진다.

이 이론을 주장한 Edwin Locke 교수는 수십 년간의 실증을 통해 본인의 주장을 증명했다. 하지만 그가 내린 결론은 '성과주의 인사시스템'에 적용하는 논거와는 대척점에 있다. 목표를 '금전'으로 대표되는 외재적 보상 extrinsic motivator과 '칭찬과 자부심' 등으로 대표되는 내재적 보상 intrinsic motivator을 구분하여 실증해본 결과는 다음과 같다. 금전적 동기부여는 초기 단계에서는 성과가 살짝 오르지만, 시간이 지나면서 성과와 만족은 차차 하락하는 결과를 보였다. 반면, 칭찬과 자부심 등 내재적 보상의 경우는 성과가 꾸준히 오르고 만족도도 높아지는 것으로 나타났다.

수십 년간 목표설정 이론을 연구하고 실증한 Locke 교수는 내재적 보상 같은 동기부여 유인을 중심축으로 외재적 보상 같은 금전적 유인을 보조적 수단으로 활용하는 게 바람직하다고 결론 내렸다. 이것이 1980년대 초 Locke 교수가 내린 결론이다. 그런데도 우리나라 기업들은 여전히 '성과주의 인사시스템'을 신봉하고 있다. 금전적 유인이 동기부여가 될 수 없다는 게 명백한데도 기업들이 성과주의를 맹신하는 탓에 직원 간의 불신과 불필요한 경쟁이 난무한다.

5. 거짓 성과주의는 인간에 대한 불신에서 출발한 낡은 관념이다

한국에서 성과주의 인사시스템이 폭풍처럼 전파되던 시기는 1990년대에서 2000년대로 넘어가는 시점이다. 당시는 1997년부터 시작된 IMF를 경험하면서 개인은 평생직장이라는 개념을 상실하였고, 기업은 생사존망을 걱정하던 시기였다. 기업들은 더한 경쟁력을 위해 효율적인 작업방식과 조직 운영의 측면에서 거대한 변화를 요구받았다. 거시적 관점에서 한국 경제경영 체질의 약점이 여실히 드러난 것이다.

한국적 특이한 상황이 기업의 인사조직 측면까지 투영되었는데, 그것이 소위 연봉제를 앞세운 성과주의 인사시스템이었다. 성과주의로 표현되는 '슬로건'을 통해 과거의 비효율적 업무처리와 업무수행 방식 그리고 연공에 근거한 낡은 조직 관행 등을 바꾸려는 노력으로 이어졌다.

과감한 혁신인 성과주의 인사시스템을 도입하여 조직에 긴장감을 불어넣었다는 측면은 매우 긍정적으로 평가할 수 있다. 하지만 잘못된 성과주의를 방치함으로써 조직은 보이지 않는 부작용이 누적되었고 조직의 구성원들은 경쟁에서 승리하기 위해 무참히 동료를 짓밟는 야수로 돌변했다. 아이를 목욕시킨 뒤 목욕물만 버려야 하는데, 아이까지 통째로 버린 꼴이다.

결국, 거짓 성과주의를 도입하는 우를 범한 건 인간에 대한 불신에서 비롯한 인간관 때문이다. 조직이 직원을 믿지 못하기 때문에 조직을 개인 간 경쟁의 장으로 인식하고 경쟁을 촉발하기 위한 수단으로 인사시스템을 적용한 것이다. 하지만 구성원 없이 조직은 성립할 수 없다. 그 구성원들이 협력하여 성과를 냄으로써 건재하는 게 조직이다. 그런데도 기업이 인간에 대한 불신으로 조직을 운영한다면 어떻게 될까? 설명이 필요치 않은 뻔한 질문이지만, 중요한 화두인 셈이다.

6. 인재 육성을 위한 조직관리 모델이 필요하다

2000년대 초반 어설프게 도입한 성과주의 인사시스템은 20여 년이 지나면서 조직에 긴장감을 불어넣고 새로운 혁신을 수용할 수 있게 한 부수적인 효과마저 사라졌다. 조직을 파괴하는 성과주의 인사시스템은 자율성과 창의성에 기반한 21세기 경쟁환경에서 생존할 수 없기에 자연 도태된 것이다. 나아가 4차산업혁명의 패러다임에도 부합할 수 없기에 자진해서 소멸하였다.

미래의 새로운 조직시스템은 구성원 간의 협력과 신뢰를 끌어내고, 인간 신뢰에 기반한 조직 인사 관리모델을 도출할 필요가 있다. 이제 직원 개인에 초점을 맞춘 좁은 인사관리에서 탈피해야 한다. 조직 운영의 기본 틀을 정립하고 각 조직 단위별로 협력하여 성과를 낼 수 있는 조직 역동성 관리 Organization Dynamics Management 로의 전환이 필요하다. 인사시스템은 책임자가 조직을 운영하는데 필요한 룰과 프로세스를 세팅해주는 역할로 거듭나야 한다. 인사관리가 아니라 조직관리라는 관점에서 조직 운영모델을 세팅할 필요가 있다.

한때 국내기업에 확산한 '성과주의 인사제도'는 기업에서 인재를 키워내는 데 한계를 드러냈다. 본래 '성과주의'는 직원들의 더 나은 성과를 위해 동기부여 기능을 극대화하자는 취지였다. 높은 목표를 설정하고 거기에 부응하는 성과를 낸 직원에게 보상(직접적/간접적)으로 격려하자는 논리였다.

그러나 적용되는 과정에서 〈평가를 통해 우열을 구분하고, 성과가 높은 직원에게 더 많은 보상을 제공하고 성과가 부진한 직원에게 적은 보상 또는 페널티를 제공한다〉는 정도로 이해되었다. 사정이 이렇다 보니 성과주의를 적용하는 조직은 구성원들 간의 팀웍이 저해되고 치열한 정글의 법칙만 남게 된 것이다.

성과주의를 적용한 조직은 정글의 법칙만 남았다.

이러한 상황에서 직원들의 육성이란 온데간데없고, 모든 문제는 직원 개인에게 책임이 전가되었다. 끝내 연공주의의 폐해라는 우리나라 기업의 부정적 측면을 극복하자고 도입했던 성과주의는 긍정적 효과는 바람처럼 사라지고 질적으로 다른 폐해가 산처럼 쌓여갔다.

대다수 기업은 팀장(1차 조직책임자)에게 평가권을 주는 시늉만 한다. 팀장이 할 수 있는 건 엄격한 상대평가 분포에 따라 직원들을 배분하는 일이다. 이렇다 보니 누가 평가 결과에 책임질지가 불분명하다. 평가행위는 있되, 행위를 책임지는 평가자가 없는 기묘한 상황이 연출되는 것이다. 그러니 팀장은 평가 결과에 불만을 표출하는 직원에게 '나는 자네에게 좋은 등급을 줬는데, 인사팀이 조정해서 평가 결과가 낮게 나온 거야.'라고 회피할 수 있다. 그러는 한편, 평가 단계서부터 팀장을 조직관리의 피해자로 만들기에 인재육성은 불가능한 셈이다.

보상 과정에서도 마찬가지다. 기업들은 다양한 방식으로 평가 결과가 도출되면 인사팀에서 기계적으로 평가 등급에 따라 다음 연도의 급여 인상을 정한다. 당연히 인건비 사업계획 범위 내에서 책정하는데 S등급은 15% 인상, A등급은 10% 인상 등의 방식으로 결정한다. 좀 더 그럴듯한 회사는 동종사의 급여인상률을 조사·참고하여 대략 3가지 정도의 급여 인상 시나리오를 CEO에게 제시하고 그중 하나를 선택받는다. 이 과정에서 현장의 조직책임자들이 책임지는 영역은 없다.

상대평가 지침에 따라 우리 팀의 2명이 A등급으로 할당되면 그 두 명은 같은 급여 인상을 받는다. 그러나 이건 매우 불합리한 방법이다. 예컨대 두 명 중 한 명은 매우 뛰어나지만, S등급을 1명 이상 줄 수 없기에 A등급으로 결정된 직원이다. 다른 한 명은 B등급 수준에서 좀 잘한 편이지만 A등급에 2명이 할당되어 운 좋게 A등급을 받은 직원이다. 두 직원이 같은 급여인상률을 적용받으면 서로 다른 부정적 메시지를 주기 때문에 동기부여를 떨어뜨릴 것이다.

전자의 직원은 열심히 일해도 적절한 보상이 주어지지 않으니 내년도는 올해처럼 최선을 다하지 않을 것이다. 후자의 직원은 적당히 해도 높은 급여를 받으니 현 상태를 유지하려고 할 것이다.

조직을 책임지는 팀장에게 보상권을 넘겨줘야 한다. 다음 연도의 평균 급여인상률이 결정되면 인사팀이 각 팀장에게 해당 조직의 인원수에 해당하는 평균 급여 인상 총액을 할당하면 모든 것이 해결된다. 나머지는 팀장이 알아서 집행할 것이다.

급여 인상 예산을 넘겨받은 팀장은 상대평가에 따라 같은 평가 등급을 받은 직원이 두 명일지라도 팀장의 재량권 범위 안에서 차등을 두어 급여 인상 금액을 정할 수 있다. 이것이 가능해야 인재 육성을 주도할 수 있는 것이다. 이처럼 평가권과 보상권이 확보돼야 현장의 조직책임자가 실질적인 인재 육성의 프로세스를 가동할 수 있다. 이제 성과주의라는 용어에만 매몰되지 말고 조직책임자에게 평가권과 보상권을 넘겨 실질적인 인재 육성에 돌입해야 한다.

7. OKR이 아니라 ODM이 필요하다

한국 인사컨설팅의 주제는 해마다 조금씩 차이가 나지만 기업들이 컨설팅을 받고자 하는 핵심 주제는 '성과관리'이다. 인사관리는 크게 네 가지 분야로 구분된다. 직무/직급/역량 등의 기반 체계, 채용/평가/보상 등의 운영 체계, 인사의 조직구조 및 인력 체계 그리고 인사 기술 체계이다. 이렇듯 다양한 주제에도 '성과관리'가 항상 선두를 지키는 이유가 있다. 그것은 '성과관리'가 사업과 인사 사이의 연계성을 확보해 주는 역할을 하기 때문이다. 즉, 프로젝트를 시작하려면 비즈니스 케이스(비즈니스에 대한 효과성 제시) 수립이 필수적인데, '성과관리'는 이러한 측면에서 가장 설득력 있는 주제가 되는 까닭이다.

'성과관리'는 매년 새로운 주제와 화두로써 접근해야 할 만큼 변화무쌍한 트렌디한 분야이다. '성과관리'를 큰 흐름으로 짚어 볼 때 가장 먼저 드러나는 키워드는 'MBO management by objectives'이다. 'MBO'는 1954년 피터 드러커 Peter Drucker 의 저서 'The Practice of Management'를 통해 알려진 약자 略字이다. 보통 '목표 관리'로 불리지만 원문을 살리면 '목표에 의한 관리'로 번역해야 맞다. 또 원문에 'Self-control'이 같이 제시된 것으로 볼 때 목표를 정확히 수립하고 공유한 뒤 이에 대한 달성을 직원들 스스로 추진해 나가는 것이 골자인 듯싶다.

MBO에 기반한 초창기 성과 관리제도는 당시 한국 기업의 상황과 연계되어 있다. 기능 조직별로 해당 목표를 수립한 뒤 그 하부 팀 목표를 수립하고 관련 직무에 해당하는 직원의 목표를 수립하는 게 일반적이다. 성과관리 도입 초기에 해당하는 시점이 한국 기업들의 직무/직급 체계를 처음(기존의 연공 서열 형태에서)으로 도입해 나가는 시기와 맞물린 것이다. 이렇다 보니 각 직무가 수행해야 할 목표를 잡아 놓고 이를 MBO와 연계하는, 즉 기능별 전개 형태로 진행하는 경향이 높았다.

MBO 다음으로 나타난 성과관리 키워드는 BSC balanced scorecard라는 균형 성과표다. BSC의 특징은 전략 지도 strategy map로 대표되는 전사 전략 방향과 다양한 각 기능 간의 연계성 확보에 있다. 전략 지도는 세부 기능별, 조직별로도 층층이 전개되어 궁극적으로 각 직원의 업무가 전사 전략에 얼마나 영향을 주는지(반대로 보면 전사 전략이 각 직원의 업무와 어떻게 연계되어 있는지)에 대한 연계성을 기반으로 한다. 또한, 핵심 성과 지표 KPI: key performance index라는 측정지표를 설정하여 연계된 목표를 모니터링하여 상위 조직과 회사의 목표 달성이 어디쯤 위치하는지, 예상되는 리스크는 없는지를 체크한다.

BSC는 MBO가 도입되는 시기의 환경과 맞물려 각 기능 또는 직무 중심으로 목표가 설정된 것에 대한 보완책으로 전사 및 상위 조직과의 연계성을 강조하는 형태를 띤다. 따라서 MBO가 목표 수립에 집중했다면 BSC는 한발 앞서 목표를 달성해 가는 과정을 모니터링하는 KPI 수립으로 MBO의 약점을 보완했다고 볼 수 있다.

BSC는 더 강력한 연계성과 관리 체계를 갖춘 업그레이드된 제도지만, 운영에서 문제점을 드러냈다. 전사 목표, 조직/개인 세부 목표, 핵심 성과지표까지 연계한다는 취지는 좋았다. 하지만 이 방식은 엄청난 관리 비용을 동반한다. 비즈니스 상황 변화에 따라 전사 목표에 수정이 가해지면 모든 조직 및 직원의 세부 목표와 핵심 지표까지 변경이 가해짐으로 실제 운영이 거의 불가능한 상황에 놓인다. 이렇다 보니 연간 목표를 설정한 후 그 이후 발생하는 변화를 제대로 반영하지 못한 채 운영할 수밖에 없는 것이다. 결국 BSC는 근간이 되는 '연계성'을 스스로 무너뜨리는 모순적 상황에 직면하고 말았다.

BSC 다음으로 나타난 성과관리 키워드는 'OKR objectives and key results'이다. OKR은 BSC의 취지를 비즈니스 환경에 맞춰 실제 운영하는 데에 초점을 맞췄다. 이를 위해 목표를 조직 목표 중심으로 단순화하고 KPI도 세분화한 설정보다는 단위조직의 핵심 결과key results 중심으로 해당 조직원들의 공통 목표 및 핵심 결과를 공유하는 데 집중했다. 운영 주기도 분기별 또는 각 단위조직의 비즈니스 사이클에 맞춰 비즈니스 환경변화에 대한 대응력을 높였다.

여기서 문득, 직장인이라면 의문이 생겨났을 것이다. 각각의 키워드가 혁신적인 듯하지만, 실제 적용하면 MBO, BSC, OKR은 오십보백보 五十步百步처럼 여겨지기 때문이다. 성과관리의 새로운 키워드로 조직의 변화를 시작하는 건 가능하나 실제로 조직을 혁신하기 위해서는 인사 운영 전반이 함께 변화해야 한다. MBO를 제대로 적용하려면 직무 및 기능 중심의 전반적 인사 운영이 절대적으로 필요하다. BSC를 위해서는 전사적 성과와 연계한 조직과 개인의 성과를 정확히 인식하고 보상 중심의 인사 운영에 집중해야 한다. OKR을 통한, 더 나아가 OKR 이후 성과관리를 위한 인사 운영은 반드시 조직 역동성 관리 ODM: organization dynamics management 가 수반되어야 한다.

참고로, ODM은 간결하게 '인사관리가 아닌 조직관리'라 표현할 수 있다. OKR이 지향하는, 즉 향후 더욱 빠른 환경변화에 대응하는 새로운 성과관리를 위해서는 각 단위조직이 독립적·완결적으로 인사를 수행하는 역량을 갖춰야 하기 때문이다. 이러한 ODM에 대한 상세한 설명은 2장에서 논의하기로 한다.

제 2 장

인사관리가 아니라
조직관리다

제2장

인사관리가 아니라
조직관리다

1. 기업조직 밸류체인으로 살펴본 인사관리

일반적으로 기업이 고객에게 제품이나 서비스를 제공하는 밸류체인 흐름은 [그림 2-1]처럼 단순화해 표현한다. 제품개발, 매입(내부) 물류, 생산, 매출(외부) 물류, 마케팅/영업, 서비스/고객 만족의 단계로 요약하고, 기획, 재무, 인사, 구매 등은 스탭 기능으로 정의하여 밸류체인 상에서 병렬적인 덩어리로 표현한다.

여기서 단순화한 밸류체인은 각 단계의 업무 성격을 핵심적으로 표현하는 활동인데, 이 활동은 '조직관리'라는 매니저(조직의 책임자)의 지휘로 드러난다. 즉, 생산이라는 기능은 그 조직을 이끄는

[그림 2-1] 일반적인 밸류체인

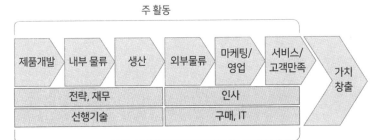

책임자가 주어진 자원을 효과적으로 사용해 생산활동과 프로세스를 수행한다. 이때 기업이 조직책임자(매니저)에게 제공하는 자원은 인력 채용, 업무 배분, 직원 평가와 보상, 조직에 할당된 예산운영, 상벌 권한, 복리후생 등 유·무형의 자원을 가리지 않는다.

각각의 밸류체인은 조직의 책임자가 조직관리를 통해서 해당 기능을 수행하는 과정이며, 조직관리의 결과로 드러난다. 기획이나 재무 기능은 고객 만족을 위한 수평적인 밸류체인의 전 부문을 아우르는 유기적 기능이다. 현실의 기업운영과는 동떨어진 '인사 기능'과는 차별화된다.

그동안 인사 기능은 조직책임자(매니저)의 조직관리 기능을 삭제한 채 인사행정에만 집중한 나머지 기업조직의 스탭 기능으로 협소하게 이해했다. 인사조직 책임자(매니저)는 조직관리 차원에서 필요한 인원 구성(채용), 업무 배분, 평가 기준에 따른 직원의 성과 리뷰, 조직원 만족도를 위한 보상 배분, 승진 운영, 팀 업무 극대화를 위한 업무 부진자 관리 등을 설명하지 못한 채 외면했다. 이렇듯 인사업무가 채용 후 조직별 배치, 평가권 수행(팀장들의 평가 후 인사팀의 등급 조정), 일괄적인 보상기준(평가 등급이 A이면 X% 인상), 기계적 평가 결과를 누적/가중 반영한 승진서열명부 작성 등이 주된 업무라고 오해했다.

[그림 2-2] **조직관리 관점의 밸류체인**

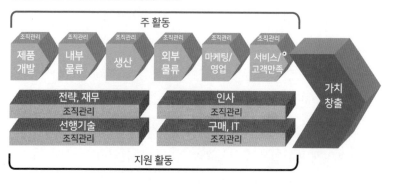

2. 조직역동성관리 패러다임으로 전환

[그림 2-2]가 보여주듯, 인사업무 일부가 인사행정에 해당하는 활동 activity이고 대부분은 조직책임자의 권한으로 수행되는 조직관리 업무이다. 본인에게 주어진 조직의 모든 유무형의 자원을 활용

하여 조직을 이끄는(관리하는!) 사람을 매니저라 부르는데, 'People Manager'라고 호칭하는 회사도 많다. 매니저에 People을 붙인 것은, 조직의 구성원을 관리한다는 의미이다. 조직의 관점에서는 사람을 관리하기보다 조직을 관리하는 사람이므로 People & Organization Manager라고 부르는 게 좀 더 정확한 명칭인 듯하다.

그런데 구성원들이 조직 내에서 업무를 수행하다 보면, 다양한 관계와 영향력으로 갈등도 빚기도 한다. 이러한 상황을 중재하는 조직책임자 POM의 활동을 Organizational Dynamics Management (조직역동성관리)라고 폭넓게 설명할 수 있다. 일반적인 기업의 밸류체인에서 각 단계의 활동들은 ODM으로 추상화해 표현할 수도 있다. 이렇듯 기업에서 벌어지는 실제 현상을 제대로 표현해야만 조직에서 '직원=사람'의 의미를 포착할 수 있고 직원의 육성을 통한 조직의 성과향상도 기획할 수 있다.

과거의 밸류체인과 병렬적인 행정 프로세스 위주의 인사 기능으로는 직원 육성과 성과향상을 기대할 수 없다. 이제는 인사관리라는 협소한 시각이 아닌 조직역동성관리라는 포괄적이고 육성 지향적인 관점에서 조직을 바라봐야 한다. 그래야만 지금껏 한국 기업을 괴롭혀왔던 거짓 성과주의의 그림자에서 벗어날 수 있다.

'조직역동성관리' 프레임워크로 조직 운영을 개편한다면 전통적인 인사업무는 사라지는 것인가? 그래도 여전히 인사업무는 남아 있다. 조직역동성관리 프레임워크 관점으로 볼 때 인사업무는 몇 가지로 다시 정의될 수 있다.

첫째, 인사행정 업무는 IT 기술의 진보로 상당 부분 아웃소싱될 것이다. 대표적으로 급여처리 업무는 이미 외주화되었고 채용의 공고와 접수, 평가행정, 교육시스템 등의 전통적인 인사 기능은 프로세스화되어 IT시스템으로 간소화되고 있다.

둘째, 전통적인 하위 인사행정 기능은 프로세스 담당자(인사팀 내 담당자)가 착수과정과 종료를 관리한다. 예컨대, 채용 프로세스 담당자가 현장 조직의 요구에 따라 채용 공지, 후보자 면접 조정, 입사 안내 등 정해진 프로세스를 관리한다. 실행은 현장 조직책임자가 그의 권한으로 행사한다. 평가행위도 프로세스 담당자가 평가 시기의 시작과 종료만 공지하고 관리하면 된다. (참고로, 우리는 평가행위를 없애자고 주장한다. 이에 대해서는 뒤에서 설명하기로 한다.)

위의 두 가지 업무는 전통적인 인사팀 업무 변화의 연속성에 있다. 하지만 추가로 새롭게 만들어지는 업무도 있다. 바로 조직책임자의 파트너 manager partner role 역할이다. 조직역동성관리 프레임워크에서는 조직책임자가 그에게 주어진 조직자원을 재량적으로 발휘하는 모델이다. 이때 인사시스템의 여러 기능은 룰과 프로세스 rule & process로 조직책임자의 조직관리 활동을 지원한다. 조직책임자에게 룰과 프로세스를 세팅해주고 재량권을 부여한다고 해서 '조직역동성관리'가 순조롭게 돌아가는 건 아니다. 조직책임자마다 역량개발의 정도와 리더로서 조직을 운영해본 경험이 다르기 때문이다. 따라서 인사팀은 조직책임자에게 조직 운영을 효과적으로 할 수 있는 '코치'를 붙여 지원해줄 필요가 있다. 이것이 바로 '조직책임자의 파트너'의 역할이다. 최근 일부 기업은 인사팀 내 각 기능 담당자를 '비즈니스 파트너'라고 부르기도 하는데, 근본 취지와 목적은 같다.

미래의 인사 팀원은 인사 기능의 하위 모듈별 프로세스 담당자인 동시에 조직책임자의 파트너로서 매칭되어야 한다. 인사 팀원들은 조직책임자의 파트너로서 회사가 조직책임자에게 제공하는 모든 조직자원 아이템을 충분히 숙지하고 상황에 맞게 활용할 수 있도록 코치할 필요가 있다. 인사팀은 비교적 낮은 커리어의 직원에게 초급 조직책임자 파트너를 매칭할 수 있고, 높은 커리어의 직원은 경험 많은 조직책임자의 파트너가 될 수도 있다. 인사팀장 역시 사업부장(임원)들의 파트너가 될 수 있다.

이 과정에서 조직책임자들은 자원을 효과적으로 활용하여 구성원의 만족도를 높이고 회사가 부여한 목표를 달성한다. 한편, 조직 내의 다양한 이슈를 인사팀과 상의하면서 자신이 맡은 조직에 우호적인 여론을 만들 필요가 있다. 동시에 조직책임자의 파트너로서 조직들을 지원하면서 해당 조직별로 새로운 이슈를 파악하고, 특정 이슈는 아젠다화하여 회사 차원에서 해결할 방법을 찾아야 한다. 이렇듯 인사팀의 업무가 새롭게 정의될 때라야 담당 임원이 CEO의 비즈니스 파트너로서 회사 전략에 기초한 조직관리 모델의 대화 상대가 될 수 있다. 조직책임자의 파트너 역할인 코칭 업무는 뒷부분에서 별도로 다루도록 한다.

3. 조직관리 모델 설계를 위한 세 가지 포인트

그동안 한국의 기업들은 인사 기능을 독립적으로 인식하고 별도의 시스템으로 접근했다. 인사업무는 과거 통제적 인사관리 철학에 따라 비밀스러울 거라는 관행이 자리했기 때문이다. 인사시스템은 결코 고립적인 기능이 아니다. 조직 운영을 위해 지원하는 시스템이다. 좀 더 정확히 표현하면, '조직관리 지원 시스템'이다. 이를 조직 운영에 초점을 맞춰 일반화하면 '조직관리 모델'이라고 표현할 수 있다.

그렇다면 효과적인 조직관리모델 설계를 위한 고려사항은 무엇일까? 조직관리모델을 수립하는 건 회사가 조직관리를 위한 '룰'을 정한다는 의미이다. 이때 조직관리모델을 설계하는 핵심적인 의사결정 포인트는 세 가지로 정리된다.

첫째, '조직 운영의 기본 단위를 어떻게 설정할 것인가'이다. 조직 운영의 기본 단위는 회사가 조직의 업무 할당, 성과결산, 보상 배분 등을 적용하는 1차 조직 단위를 말한다. 군대로 비유하자면 1개 분대의 개념이다. 기본 단위를 효과적으로 운영하려면 조직관리 모델에 따른 다양한 '룰' 세팅이 필요하다. 대다수 회사가 1차 조직 단위인 '팀'을 조직 운영의 기본으로 삼고 조직관리모델을 설계하고 운영한다.

그런데 규모가 작은 회사는 '팀' 단위보다 상위 조직(사업부, 실, 본부 등)이 실질적인 조직관리모델 운영의 기본 단위인 경우가 많다. 반대로 규모가 큰 대기업 같은 경우, 조직 단위 명칭은 '팀'이지만 실질적인 규모와 위상이 매우 클 때가 있다. 이런 경우는 조직관리모델 운영의 기본 단위가 '팀'이기보다는 '팀' 내의 '파트'나 '그룹'이 실질적인 조직관리모델 운영의 기본 단위로 기능한다. 따라서 조직 운영의 1차 조직은 단순한 명칭이 아닌 해당 기업의 구성원 규모를 고려한 업무 운영과 권한 배분의 최하(기초) 단위를 의미한다. 이런 단위를 설정할 때 조직책임자의 업무통제 범위 locus of control 역시 고려되어야 한다.(우리의 경험으론, 과거 20~30년 전 조직보다 최근 조직이 업무통제 범위가 축소되는 양상을 보인다. IT 발달로 업무상 교류하는 정보량이 많아져서 조직책임자 1명이 감당하는 범위가 과거에 비해 좁아진 듯하다.)

이렇듯 조직관리모델 운영의 기본 단위가 정해지면 그 조직을 책임지는 '장'이 다양한 권한을 행사하고 직원들을 관리한다. 따라서 조직관리모델 설계는 조직관리의 기본 단위를 어떻게 설정할지가 첫 번째 의사결정의 포인트가 된다.

둘째, '조직관리 재량권, 평가권과 보상권을 조직책임자에게 얼마만큼 부여할 것인가'이다. 즉, 조직관리모델 운영의 기본 단위를 맡은 조직책임자에게 얼마큼의 권한을 부여할 것인가의 문제이다. 전통적인 통제적 인사관리에서는 인사부서가 인사 운영과 관련한 대부분의 권한을 지녔다. 인사부서가 채용(신입이든 경력직이든)을 결정하고 채용한 직원을 특정 부서에 배정하고, 직원 교육도 직급별 일괄 교육 등의 방식으로 처리했다.

직원들의 업무평가도 형식적으로는 조직책임자에게 평가권을 주지만, 실제로는 1차 평가자와 2차 평가자의 평가 결과를 몇 대 몇의 비율로 합산하고 이를 다시 직급별로 서열화하는 등 실질적인 평가 결정 권한은 인사부서가 행사했다. 보상권 또한 인사부서가 산출한 평가 결과를 기계적으로 'S 등급은 몇 % 급여 인상'이라는 방식으로 모든 걸 결정했다. (안타깝게도 이 방식을 한국의 기업들이 여전히 적용하고 있다. 인사컨설팅을 제공하는 다수 컨설팅사도 20여 년 전의 기계적 대안을 고객들에게 제시하는 상황이다.) 이렇듯 조직관리모델 운영 재량권을 인사부서가 행사하도록 방치할 것인지, 아니면 조직책임자에게 충분히 부여할 것인지가 조직관리모델 설계의 두 번째 의사결정 포인트다.

한편 두 가지 의사결정 포인트는 상호 연계되어 있다. 조직관리 모델 운영의 기본 단위를 먼저 정해야 조직책임자에게 재량권을 얼마만큼 부여할 것인지에 대한 논의가 가능하다. 기본 조직 단위를 결정하고 조직책임자에게 재량권을 설정한 뒤라야 조직을 책임지는 조직관리자 People & Organization Manager에게 역할을 부여할 수 있는 것이다. 조직관리자에 대해서는 뒤에서 별도로 설명하기로 한다.

[그림 2-3] **조직관리 모델 설계 시 고려사항**

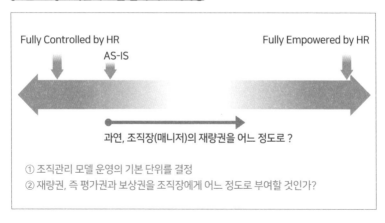

두 가지 의사결정 포인트를 기반으로 효과적인 조직관리모델을 설계한 뒤, 마지막으로 조직책임자가 조직관리자 People & Organization Manager로서 역할을 제대로 실천하도록 지원해야 한다. 조직관리모델 운영의 기본 단위를 담당하는 조직책임자는 재량권을 가져야 진정한 조직관리자 POM가 될 수 있다. 따라서 조직관리자는 조직의 우두머리로서 해당 조직 업무를 책임지는 일뿐 아니라 소속 직원을 육성하는 데에도 책임지는 실질적인 조직관리모델 운영의 주체를 의미한다. 그렇다고 무조건 조직관리모델 운영 재량권을 현장 책임자에게 넘겨주라는 말이 아니다. 조직관리 실상과 조직책임 자의 관리 역량을 냉정하게 파악하는 게 먼저다. 인사부서가 전권을 행사하는 과거 방식을 지양하고, 조직책임자에게 재량권을 주어 능력을 개발시켜야 한다는 점을 강조하는 것이다.

[표 2-1] 조직책임자의 재량권 예시

Fully Empowered by HR	
채 용	부서별 인건비 예산 내에서 채용 결정 권한이 현장의 조직책임자에게 있으며, 인사부서는 후보자 추천, 기본 자질/ 능력 검증, 입사 조건 협의, 입사 지원 등의 임무를 수행한다.
평 가	평가 권한은 전적으로 현장 조직책임자에게 있다. 인사부서는 평가 기준을 제시하는 데 그치며 별도로 평가 결과 도출에 개입하지 않는다.
보 상	인사부서는 총인건비 내에서 조직별로 보상배분 기준을 제시하고 예산을 할당하면, 현장의 조직책임자가 직원 개인별 보상 금액을 결정한다.
교 육	인사부서에서 제시한 교육예산과 기준 내에서 조직책임자가 교육대상자, 교육 형태, 교육과정을 결정하여 실행한다.
승 진	인사부서가 승진을 위한 기본 요건을 제시하고 후보자 Pool을 준비하면, 조직책임자들은 별도의 위원회를 통한 협의로 승진 대상자를 결정한다.
배치전환	사내 채용의 관점으로 배치전환이 이루어진다. 인사부서의 중장기 인력 계획을 기초로 가이드라인을 제시하고, 별도의 위원회를 통해서 조직책임자의 협의로 결정된다.

현장의 조직책임자들에게 조직관리모델 운영의 재량권을 준다고 하면 인사부서의 항변이 빗발친다. 평가·보상 권한 등의 재량권을 주고 싶지만, 역량 부족으로 권한 남용과 오용의 우려가 있기에 안 된다고 주장한다. 우리는 여기에 반론을 제기한다. 인사부서가 평가권을 가지고 상대평가를 하면 그것은 공정한 평가인가? 평가 등급에 맞춘 기계적 급여 인상이 과연 회사의 인건비를 효율적으로 사용하는 것인가? 이런 반문에 인사부서는 최선이 아니라 차선의 선택이라고 강변할지도 모른다. 하지만 직원들의 업무평가는 그들과 함께 호흡하는 현장 조직책임자가 훨씬 정확하고 공정하게 판단할 수 있다. 인사부서는 현장 조직책임자가 파악한 조직원들에 대해 아는 바가 전혀 없다. 그런 인사부서가 어떤 기준으로 그들을 평가한단 말인가.

　보상관리 측면에서도 회사의 인건비 예산 범위 내에서 직원들의 동기부여를 위해 효과적으로 집행한다. 이때 평가 결과에 맞춰 획일적으로 급여 인상을 정한다면 비효과적인 지출이 되고 만다. 돈은 돈대로 쓰면서 직원의 불만을 키우는 상황을 연출할 수 있다. 예컨대, 같은 B등급을 받은 직원일지라도 조직책임자의 판단에 따라 급여 인상이 차이가 날 수 있다. 어떤 직원은 B+ 수준의 성과를 냈고 다른 직원은 B- 수준의 성과를 냈다고 가정해보자. 평가 결과는 같은 B등급이겠지만 조직책임자의 재량에 따라 두 직원의 성과 차이가 나뉠 수 있는 것이다. 이처럼 조직 운영상 나타나는 다양한 변동성을 종합적으로 판단할 수 있는 것이 조직책임자의 역할이다.

이런 이유로 조직관리모델 세팅에서 조직관리자에게 얼마만큼의 권한을 부여할지가 핵심적인 포인트가 된다.

4. 육성을 위한 조직관리 모델

우리는 인사관리라는 좁은 시각에서 벗어나 조직관리라는 보다 넓은 관점으로 전환하고자 한다. 따라서 제목의 '육성을 위한'이라는 표현이 제대로 전달되기를 바란다. 누구나 동의하면서도 금세 까먹는데, 조직관리모델에서 '육성'을 한다는 뜻은 직원과 조직 모두에게 해당 되어야 한다는 사실이다. 조직은 부과된 목표와 과제를 달성하여 성과를 올리고, 직원은 특정 조직에서 업무를 수행한 결과로 본인의 성장을 이룬다. 조직과 직원이 성과를 내면서 성장하는 것이 곧 육성이다. 그렇다면 과연, 육성을 위한 조직관리란 무엇인가.

1) '일'과 평가를 분리하지 말라

전통적 인사관리 접근법은 '누군가가 직원들을 평가한다'라는 강박에 사로잡혀 있었다. 그 평가행위의 결과로 점수, 등수, 평가 등급 등의 '표식'을 사용한다는 관점이었다. 이런 관점은 성과주의 인사시스템에서도 크게 달라지지 않았다. 성과주의 인사시스템에서도 육성지향의 평가를 주장했지만, 끝내 평가 등급을 대표하는 표식으로 귀결되고 말았다. 평가 결과는 S등급, A등급 같은 표현만 남기고 직원들이 한 해 동안 어떤 업무를 수행했고 얼마나 발전했는지는 외면했다. 이처럼 낡은 관행이 오랫동안 지속한 것은 두 가지 이유 때문이다.

첫째, 기업이 평가를 잘못 이해했기 때문이다. 평가 appraisal, evaluation, assessment는 흔히 사용되는 단어지만 어떤 장면(상황)에서 사용하는지에 따라 그 의미가 달라진다. 예를 들어, 학교에서 시험을 볼 때 평가 appraisal or evaluation의 의미는 정답을 맞히는 행위다. 그래서 순서 매기기가 가능하다. 학교 같은 장면(상황)에서의 평가 결과는 선발의 도구로 사용할 수 있다. 과거 기업에서도 채용시험을 보던 시절이 있었는데, 이러한 시험의 목적은 선발의 도구였다. 반면, 키나 몸무게를 재는 행위는 측정 assessment 의미로 평가를 사용한다. 정답을 맞히는 게 아닌 있는 그대로의 상태를 확인하는 것이다. 그래서 체력평가 또는 체력검정 등으로 표현한다.

하지만 기업에서의 평가는 정답을 맞히는 행위가 아니다. 일정 기간 얼마큼의 성과를 높였는지, 얼마나 발전했는지를 측정한다. 그런데 조직 내 협업을 통해서 업무를 달성하는 직원에게 평가라는 모호한 표현을 사용한다. 그 결과 평가라는 말은 직원 육성과는 거리가 먼 불만의 블랙박스로 전락했다. 이것은 마치 학생(직원)들이 얼마나 발전했는지 측정하겠다고 숙제를 낸 선생(회사)이 순서를 매긴 결과치로 차등 보상에 반영하는 반칙을 사용한 거나 마찬가지다.

둘째, 근본적으로 인간을 신뢰하지 못하는 인간관에서 비롯한다. 즉, 직원을 육성하는 관점에서 접근하지 않고 통제의 대상으로 바라봤기 때문이다. 통제의 결과로서 점수나 등급이 필요했고, 이를 활용해 인사팀이 보상의 차등화를 시도한 것이다. 성과주의 인사 시스템에서 소극적으로 주장했던 '육성지향의 평가'가 통제적인 '평가 등급'으로 회귀했던 이유가 바로 이것이다.

이제는 바뀌어야 한다. 통제적 관점의 평가행위를 과감하게 폐기해야 한다. 과거의 관행에서 벗어나 '인재 육성 검토회의(가칭)'와 같은 직원 육성과 관련된 조직(사람)이 모여 종합적인 토의와 판단을 지향하는 모델로 전환해야 한다. 조직구성원이 조직이 기대하는 업무역량과 자질이 있다고 믿어야 한다. 이런 기초위에서 개별 직원이 해당 기간 어떠한 업무를 수행하고, 어떤 과정으로 성과를 내고 그 결과가 어떤지를 확인하는 토의를 해야 한다. 직원이 업무수행 과정에서 잘한 점과 부족한 점을 구체적으로 파악해야 다음 해 업무계획과 구체적인 육성 방향을 세울 수 있다.

다만, 이 과정에서 조직책임자 한 명의 절대적인 판단에 의존하지 않아야 한다. 차상위 조직책임자(흔히 2nd line manager라고 한다)와 관련 조직관리자가 함께 참여하여 다각적인 관점에서 살펴보고 각자의 경험을 종합해 판단해야 한다. 이런 과정을 거칠 때 특정 직원의 합리적인 업무수행 리뷰가 가능하다. 업무의 잘잘못을 구분하자는 게 아니며 직원에게 부착되는 꼬리표 같은 평가 등급을 매기려는 건 더더욱 아니다. 업무수행 과정과 방법을 심층적으로 살피는 것은 직원의 성과를 가장 합리적으로 판단하는 과정이기 때문이다.

2) 조직관리자와 직원 간 눈높이 조절: 수직적 눈높이 합의

회사생활 하는 직원들이 가장 바라는 원칙은 공정성이다. 공정성은 일견 아름다운 개념처럼 보인다. 그래서일까, 대다수 조직이 공정하게 일 처리했다는 걸 강조하고, 직원들 역시 자신이 공정한 대우를 받았는지에 민감한 반응을 보인다. 그런데 정작, 우리가 열렬히 사랑하는 공정성은 매우 주관적인 개념이다. 왜 그럴까?

사회심리학은 인간의 행동을 공정성 이론 equity theory으로 설명한다. 공정성 개념이 경영학에 적용되면서 의미 있는 동기부여 이론으로 소개되었다. 이론의 핵심은 내가 노력한 것 my input에 비해 어떤 결과를 얻었고 my output 남이 노력한 것 your input에 비해 그가 어떤 결과를 얻었는지 your output에 대한 심리적 비교이다.

[그림 2-4] 공정성 이론 개념

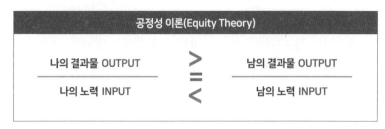

여기서 눈여겨볼 것은 내가 '남의 노력과 결과'를 객관적으로 알 수 없다는 점이다. 남의 노력과 결과는 전적으로 나의 심리적인 추론에 따른 판단이다. '내가 생각할 때, 또는 내 생각'을 기준 삼아 '나의 노력과 결과'를 '남의 노력과 결과'와 비교한 것이다. [그림 2-4]에서 보이는 4가지 요인은 전적으로 '공정성'을 느끼는 개인의 주관적 판단이다. 정보가 완전하든 불완전하든 상관없이 '나의 판단'에 따라 4가지 요인을 비교하여 좌우 '균형'이 생기지 않으면 불공정하다고 느낀다. 당연히 4가지 요인 간 좌우 균형이 이루어질 때 개인은 조직에서 '공정하다'라고 느낀다. 따라서 보통 사람들이 일반적으로 생각하는 신 神의 관점에서 볼 수 있는 '객관적인 공정성'이란 존재하지 않는다. 오히려 객관적 '공정성'은 매우 공허하고 무책임한 불만의 제기에 불과한 것이다.

우리가 사랑하는 공정성은 실상 주관적이다.

그렇다면 조직은 공정성을 어떻게 관리할까? 바로, 조직관리자가 공정성을 관리한다. 조직관리자는 위 4가지 심리적 요인을 직원 개인별로 '설명과 정보제공', 즉 커뮤니케이션을 통해 좌우 균형상태가 되도록 만들어줘야 한다. 만약 '자신의 큰 노력 my input'에도 결과물 my output이 부족하다고 느끼는 직원에게 '자신의 노력 my input'이 다른 직원과 비교하여 본인이 생각한 만큼 크지 않다는 점을 설명해준다. 또는 그 직원이 얻은 '자신의 결과 my output'가 다른 직원에 비해서 적지 않은 점을 설명하여 좌우 균형을 유도한다.

이처럼 4가지 요인에 각각 설명의 포인트를 잡아 직원별로 좌우 균형상태, 즉 공정성 인식 상태를 유지하는 게 조직관리자의 역할이다. 따라서 이 역할은 오롯이 해당 조직관리자만 할 수 있다. 이런 의미에서 공정성 관리는 조직관리자와 직원의 수직적 눈높이 맞추기라 할 수 있다.

공정성과 유사한 형평성 개념도 조직에선 종종 사용한다. 형평성은 공정성 equity의 다른 표현으로 사용하기도 하지만 공정성과 구분하는 경우는 기회균등이나 결과물 균등 제공을 의미한다. 누구는 주고 누구는 주지 않는 등의 차별·차등하지 않는다는 개념이다. 사실, 조직이 모든 직원에게 복리후생 이벤트를 벌이는 경우를 제외하면, 기업이 전 구성원에게 금전과 서비스를 균등하게 배분하는 사례는 거의 없다. 이 사례는 오히려 상당수 직원이 공정하지 않다고 인식할 것이다. 따라서 조직 운영 시 형평성이라는 모호한 개념은 되도록 사용하지 않는 게 바람직하다.

3) 조직관리자 간 눈높이 조절: 수평적 눈높이 합의

조직을 운영할 때 고민 중 하나는 '과연 조직관리자가 직원들의 성과 우열을 합리적으로 판단할 수 있을까?'이다. 조직의 성장 단계를 볼 때, 초기 직원이 10명 안팎일 때 창업자(대표자)는 그만의 기준으로 직원들의 성과 우열을 판단한다. 창업자의 판단 기준이 합리적인지는 논외로 한다고 해도 그는 같은 기준을 적용할 수 있다. 하지만 조직이 커지면 창업자 혼자 직원 전부를 판단할 수 없다. 그래서 조직을 나누고 조직관리자를 선임하여 업무를 분담한다. 이 과정에서 다음 고민거리가 생긴다. 조직관리자마다 판단 기준이 다르면 어떻게 될까? 직원들은 공정하게 대우받지 못한다는 불만이 생기지 않을까?

모든 조직책임자는 자신의 업무 경험과 개인의 성향에 따라 업무 수행 수준에서 판단 기준을 설정한다. 따라서 조직 단위가 다수로 분화되는 조직은 여러 조직관리자의 판단 기준을 어떤 범위 안에서 관리하는 것이 필요하다. 하지만 과거 전통적인 인사시스템이 수행한 평가조정 같은 인사부서의 개입은 조직관리자의 재량권을 가로막는 최악의 수단이다. 여전히 많은 조직에서 조직관리자의 판단 능력을 믿지 못하고 인사부서가 개입해야 공정하게 판단한다고 오해한다. 인사부서가 개입하여 조직관리자의 판단행위를 조정하면, 그 결과는 조직관리자가 판단한 것도, 인사부서가 판단한 것도 아닌, 누구의 책임도 아니게 된다. 결과적으로 조직관리자의 책임감을 떨어트릴 뿐만 아니라 조직관리자가 문제 발생에 대한 책임을 회피할 핑곗거리를 제공한다.

이러한 이슈에 접근할 때, 우선 조직관리자의 판단이 '동일'해야 한다는 맹신에서 벗어나, 판단 기준이 범위 내를 벗어나지 않으면 충분하다는 인식 전환이 필요하다. 조직 내 벌어지는 모든 행위는 사람이 하는 것이고 그 판단행위 역시 사람의 인식 과정으로 만들어지기 때문이다. 조직 내 업무수행에서 '누구나 같은 판단'이라는 명제는 존재하지 않는다. 다수의 조직관리자가 비슷한 판단을 하면 그것으로 충분하다.

아울러 조직관리자의 '범위 내 비슷한 판단'을 유도하는 절차가 인력육성 검토위원회(가칭) 시스템이다. 직원들의 업무성과와 역량을 조직관리자 혼자의 판단으로 종료하는 것이 아니라, 관련 부서와 차상위 조직관리자까지 함께 의견을 나누는 과정을 거쳐 최종 판단을 한다. 이것이 집단 합의에 따른 판단 프로세스다. 이로써 조직관리자 간 판단의 눈높이가 합의되고 유지된다. 이러한 판단은 보상 배분과 직접적으로 연계되지 않고(참고 자료로 활용되겠지만) 육성 목적으로 기록되고 활용되므로 '비슷한 판단 수준' 관리로도 충분한 가치가 있다.

5. 조직관리자를 전면에 내세워라

이제는 조직관리자 중심의 조직 운영에 기반한 인재 육성형 조직 관리모델로 전환해야 한다. 이를 위해 조직관리자들에게 상당 부분 재량권을 넘겨줘야 한다. 기업에서 벌어지는 모든 행위는 하나하나의 조직 단위로 이뤄진다. 따라서 조직관리자가 업무수행뿐 아니라 조직관리모델 관련 대부분의 권한을 가져야만 조직이 제대로 돌아가고 실질적인 인재 육성이 가능하다.

직원이 10명 안팎인 기업은 대개 사장이 전체 직원을 관리하면서 인사권(평가권과 보상권)을 행사한다. 채용부터 업무지시, 급여 결정, 퇴사 의사결정까지 모두 담당한다. 그러나 조직의 규모가 커지면 사장 혼자 모든 일을 처리하지 못하므로 조직관리자에게 일정 권한을 넘겨주고 관리를 위임한다. 이렇듯 조직이 커지면 사장 혼자 관리하던 단일 조직이 10개, 20개 복제된 형태로 권한 또한 위임되어야 한다. 하지만 조직이 확대되는 과정에서 인사 전담부서가 효율적 업무수행이라는 명분으로 불필요한 권한을 가져간 게 문제였다. 이러한 경향은 성과주의를 도입하면서 되레 강해진 듯하다.

단위 조직관리자에게 채용부터, 평가권, 보상권, 퇴사 결정까지 상당 부분의 권한을 위임해야 현장 조직에서 인재 육성이 가능해 진다. 조직관리자가 권한을 지녀야 그 조직에 필요한 인력을 채용하고, 업무수행 결과에 우열을 가려주고 그에 따른 보상 규모를 결정할 수 있다. 더 늦지 않게 조직관리자를 전면에 내세워 제대로 된 조직관리모델을 실행해야 할 타이밍이다.

제 3 장

조직관리자 중심의 조직관리모델 :
조직역동성관리

제3장

조직관리자 중심의 조직관리모델
: 조직역동성관리

1. 조직관리는 4P에서 출발하여 People로 끝난다

인사관리는 사람에 초점을 맞춘 정적인 개념으로 좁은 의미로 한정된다. 반면, 조직관리는 조직구성원 모두의 다이내믹과 행동 교류를 포함한다. 무엇보다 조직을 이끄는 리더 역할을 분명하게 인식하려는 포괄적이고도 적극적인 개념이다. 이처럼 리더를 중심으로 구성원의 상호작용을 고려하는 '조직관리'를 보다 효과적으로 수행하려면 '4P'에 대한 정립을 명확히 할 필요가 있다.

조직관리의 4P란, Philosophy(철학), Policy(정책), Process(프로세스), Practice(규범/규칙화된 관행)를 말하는데, 4P를 운영하는

People은 리더와 직원을 의미한다. 따라서 조직인사 운영을 담당하는 부서(소위 인사부서)를 포함하여 조직관리자(리더), 직원, 인사부서가 조직관리의 3주체를 이룬다.

Philosophy는 조직인사 운영의 근본에 해당한다. 조직관리 철학을 명시적으로 표현한 회사도 있고, 창업단계부터 암묵적으로 철학을 형성한 회사도 있다. 한국은 명시적으로 표현한 회사가 많지 않지만, 명시적 표현보다는 해당 조직이 근간으로 삼은 Philosophy가 있는지가 더 중요하다. 조직의 Philosophy에 따라 조직의 중장기적 운영 방향이 결정되기 때문이다.

Policy는 Philosophy를 조직인사의 여러 영역으로 구체화한 명제라 할 수 있다. 현재 한국 기업은 Philosophy를 명시하진 않았지만, 나름 Policy를 구체화하여 운영하는 회사가 늘어나는 추세이다. Policy는 조직인사를 영역별로 구체화하여 표현하는 경우가 많다. 예컨대 '협력하는 직원'을 Policy로 운영하는 회사라면, 채용 과정은 '협동심'과 '팀워크 형성'에 주안점을 둘 것이고, 부서 간 협력을 강조하는 조직문화를 추구할 것이다. Philosophy를 한 걸음 더 구체화한 게 Policy이며, 이를 바탕으로 조직은 다양한 Process와 Practice를 개발한다. Process와 Practice는 시간이 지나면서 수정되고 보완되기도 한다.

Process는 회사가 결정한 Rule & Process라는 게 적절한 표현이다. 회사가 직원에게 적용하는 다양한 지침이 있는데, 이 지침은 규정만이 아닌 규정이 발휘되는 절차 process를 포함한다. 그동안 한국 기업은 인사제도를 채용, 평가, 보상의 영역으로 한정하고, 실제 운영되는 Process는 간과한 경우가 많았다. 그런데 사실, '제도'라는 용어는 행위 주체 간의 상호작용이나 역할을 제대로 드러내지 못하는 한계가 있다. 그래서 우리는 인사제도라는 좁은 용어보다 Rule & Process라는 용어가 바람직하다고 주장한다. 아울러 아래서 설명할 Practice까지 포함하여 Process & Practice라는 표현도 가능할 것이다.

Practice는 명시적 또는 묵시적 규칙과 규범이 관행으로 자리 잡은 행동의 집합이다. 인사제도가 인사부서 관점에서 큰 Process를 의미한다면, Practice는 조직문화로 굳어진 여러 업무 관행이 공식적 또는 묵시적으로 형성된 것이다. 대개 Process와 밀접히 연결되어 형성된다. 예를 들어, 업무를 수행할 때 타부서와 협의하고, 부문 내 인력관리를 하고, 부서 간 이동 배치에서도 관행처럼 만들어진 Practice가 존재한다. 새로운 Process를 도입할 시 이를 행동 지침으로 전달하고자 할 때 기존 Practice를 수정하여 새것을 도입하기도 한다.

이러한 Practice의 예로, 어떤 회사는 퇴직금을 정산할 때 한 달에 5일 이상 근무하면 해당 월을 만근으로 인정한다. 이에 따라 퇴사하는 직원은 매월 5일에 맞춰 행정 프로세스를 처리 받는다. 이것은 회사의 명문화된 Process를 직원에게 적용해 특정 날짜에 퇴사 처리하는 Practice를 형성한 사례이다. 최근 직원 관리를 위해 많은 기업이 조직책임자에게 적극적 업무지도와 면담 지침을 주는데, 이 지침에 따라 조직책임자가 직원과 면담하는 새로운 Practice가 도입되는 것이다.

People은 4P를 운영하는 주체로서 조직관리자와 직원이다. 조직관리자는 회사가 부여한 재량권으로 Philosophy와 Policy를 이해하여 Process와 Practice를 구현하는 주체고, 직원은 조직관리자에게 서비스를 받는 수혜자가 된다. 조직관리를 위해 4P를 규정하고 정립했지만, 실제 이 콘텐츠를 구현하는 주체는 바로 사람, People이다. 한마디로 조직관리는 사람으로 귀결되고, 그 핵심은 운영 주체인 조직관리자와 서비스 수혜자인 직원이다. 이런 의미에서 이 책은 조직관리자가 중심이 되는 '조직역동성관리'라는 표현을 사용한다. 또한 '조직 인사관리'라는 용어를 '조직관리'로 병행하여 사용하기도 한다.

2. 무엇보다 먼저 인사철학과 인사정책을 수립하라

다수 기업이 '인사제도 rule & process'를 회사 전체 시스템과 무관하거나 연결점이 많지 않은 독립된 '운영 체계'로 오해한다. 그래서 조직인사 운영에 여러 이슈가 발생할 경우, 파편적인 '인사제도'의 문제로 접근한다. 제도를 어떻게 바꾸면 문제가 해결될까? 이렇게 바꾸면 직원들이 더 만족할까? 이런 식의 접근은 대부분 문제해결에 실패하고 인사제도에 대한 불평불만은 계속해서 쌓여간다.

이렇듯 인사제도에 실패하는 이유는 회사의 '인사철학'과 조직인사 운영 지침, 즉 인사정책이 부재하거나 불명확하기 때문이다. 인사철학은 회사가 직원을 대하는 근원적인 관점이자 철학적으로는 인간의 본질적인 가치판단으로 회사가 직원을 바라보고 대우하는 종합적인 가치지향이다. 회사가 직원을 신뢰하면서 회사의 가치를 키우는 동반자로 본다면, 직원을 대우하는 근본 입장도 달라지고 육성하는 방식도 달라질 것이다.

회사가 직원을 신뢰하는 데서 출발하면, '대다수 직원은 만족할 만한 성과를 내고 회사의 기대에 부합한다'는 관점에 설 수 있다. 나아가 직원들 간의 경쟁을 추구하기보다는 협력을 권장하고 장기적인 직원 육성도 유도할 것이다. 반대로 직원을 믿지 못하고 단기적 원가요소로만 파악한다면, 직원은 시기마다 최대한 이익을 구현하기 위한 도구로 인식되고 적자생존의 논리에 따라 직원들 간 정글 속 경쟁을 유도할 것이다.

인사정책은 회사가 조직 인사 운영을 위한 구체적인 실행 가이드라인 역할이다. 인사철학은 추상적인 측면이 강하므로 이를 조직

인사 운영에 적용할 구체적인 지침이 필요한데, 이것이 바로 인사 정책이다. 회사에서 인사정책은 인력 운영으로 국한되지 않고 본질적인 조직 운영의 나침반 같은 역할로써 조직인사의 영역별로 구체화 되어 제시될 수 있다. 예컨대, 리더로서 조직관리자의 역할 정의와 그의 권한과 책임 범위, 직원을 확보하고 유지하기 위한 가이드, 직원을 성장시키고 개발하기 위한 방향과 지침, 그리고 직원 처우에 대한 종합적인 기준 등으로 제시될 수 있다.

인사철학과 인사정책은 하나의 관점으로 설계되고 해설되어야 그 의미를 분명히 드러내고 효과를 가진다. 인사정책은 상대적으로 추상적인 인사철학을 구체화한 해설서라 할 수 있다. 양자가 의미상의 연결이 명확할 때, 인사철학은 인사정책으로 구체화 되고, 인사정책은 다양한 인사제도(룰과 프로세스)로 표현될 수 있다. 논리적으로 탄탄한 인사철학과 인사정책이 갖춰지면 인사제도는 시간이 지나면서 새롭게 보완되고 변경될 수 있다.

인사제도는 조직관리자가 사용하는 조직인사 운영의 도구적인 성격이므로 회사의 성장과 변화에 따라 얼마든지 재조정되고 강조점이 달라질 수 있다. 인사철학이나 인사정책은 창업자의 경영철학이 담긴 조직인사 운영의 정수에 해당하는 개념이다. 인사철학과 인사정책이 뚜렷이 정립되어야, 어떤 인사제도를 보완할 것인지에 대한 실행 작업도 구체적인 방향성을 가지고 판단할 수 있다. 이런 의미에서 인사철학과 인사정책을 가지지 못한 인사제도는 모래 위에 쌓은 성과 같은 결과를 낳는다.

인사철학과 인사정책을 수립하고 조직인사관리를 실행하는 것은 최근 경영 흐름인 ESG 측면에서도 큰 의미가 있다. ESG 경영에서 S, 즉 Social 부분은 기존의 주주 중심, 자본 중심에서 기업을 둘러싼 다양한 이해관계자를 기업 경영의 영역에 포함한다. 사회 속에서 생존하고 경쟁하는 기업으로 재정의하는 게 현대 기업 경영의 추세이다. 이런 맥락에서 S는 종업원, 구매자, 공급자, 지역사회를 포괄하는데, 이 중에서 종업원 관계가 첫 번째로 관심을 두는 영역이다.

ESG 경영철학에 기초한 회계 분야도 재무적 정보 외에 비재무적 정보를 포함하려는 노력을 진행하고 있다. 종업원 관련한 비재무적 정보는 이직률, 교육훈련비, 전문스킬 보유 정도, 직원 만족도, 평균 근속기간을 포함한다. 이 같은 ESG 철학을 구현하는 측면에서, 종업원 관계를 재설정하고 가치를 부여할 때 가장 첫 번째 단계가 바로 기업이 추구하는 인사철학과 이를 해설한 인사정책이다. 따라서 조직 운영을 위한 '룰과 프로세스'인 인사제도를 검토하기에 앞서 각 회사는 인사철학과 인사정책이 분명하게 정리되고 의미 있게 다루어지는지 반드시 살펴봐야 한다.

한편, 인사철학과 인사정책이 명문화되어 조직 인사가 운영되면 더욱 좋겠지만, 반드시 그럴 필요는 없다. 회사 창립 이후, 나름대로 내부 구성원에게 전파하고 공유한 묵시적인 조직 운영 기준이 있다면, 이것이 인사철학이나 인사정책으로 기능하기 때문이다. 만약 명시적으로 정립되지 않지만, 묵시적인 조직인사 기준이 있는 회사라면 적당한 계기에 하나씩 정리하여 명문화하면 된다. 단번에 정리하기보다는 회사의 가치 비전을 하나씩 추가하면서 구성원들과 공유해가는 방식도 고려해볼 만하다.

아래 [표 3-1] 은 모 건설회사가 최근 검토하여 수립한 인사철학과 인사정책이다. 이 회사는 1년 넘게 직원들과 함께 인사철학과 인사정책을 개발하고 다듬었고 이를 기초로 조직관리모델을 설정하고 세부적인 인사 운영의 룰과 프로세스를 새롭게 개선했다. (참고로, 최종 버전은 아래 예시와 조금 다르게 완성되었다

[표 3-1] 인사철학과 인사정책 수립 사례

1. 인사철학

- 서로 협력하는 우수한 구성원들이 최고의 가치를 창출하는 OO을 만든다.

2. 인사정책

1) 리더십
- 리더는 팀워크를 개발하고 구성원을 동기부여 하여 조직성과를 달성한다.
- 리더는 담당 조직의 인재 육성에 대한 권한과 책임을 진다.

2) 확보와 유지
- 건강한 가치관에 기반하여 성장 비전과 혁신 전문성을 갖춘 인재를 확보한다.
- 주도적으로 이끌거나 적극적으로 동참하여 다 함께 회사의 성장에 이바지한다.

3) 성장과 개발
- 비교하거나 질책하지 않고, 발전적인 피드백으로 더 잘하도록 유도한다.
- 우리는 개인 간 협력과 조직 간 협업으로 함께 성장한다.
- 구성원은 회사의 육성 시스템과 일을 통해 배우고, 스스로 리더와 전문가로 성장하도록 꾸준히 노력한다.

4) 인정과 보상
- 구성원의 행복하고 자긍심 있는 경제생활을 위해 경쟁력 있게 대우한다.
- 조직성과를 중심으로 보상하고, 성과달성에 탁월하게 이바지한 구성원은 적극적으로 인정한다.

3. 조직관리는 3주체 간의 다이내믹한 예술 행위다

스타트업과 같은 초기 기업단계에서는 사장 혼자 조직관리의 모든 것을 담당한다. 사장의 눈에 모든 직원의 상황이 들어오기에 별도의 평가 과정 없이 직원의 성과를 판단할 수 있다. 급여도 이에 기초하여 조정할 수 있고 특별한 성과를 낸 직원에게 별로의 인센티브나 추가적인 보상도 가능하다. 그러나 회사가 성장하여 조직이 커지면 사장 혼자 직원 관리가 불가능하므로 조직을 나누는 등 조직단계가 생겨난다. 이 단계를 거쳐 조직이 더욱 확대되면 조직을 수평적으로 나누고 수직적으로 여러 계층이 만들어진다.

그러나 아이러니하게도 초기 단계 기업에서 조직을 책임진 1인 (즉, 사장)이 감당했던 조직관리 역할이 수직−수평적으로 조직이 분화되면서 각 단위 조직관리자에게 역할·책임·권한이 제대로 위임되지 않고 인사부서를 만들어 조직 인사와 관련된 권한을 모아버린다. 조직이 분화됨에 따라 그 조직책임자에게 합당한 권한을 위임하고 책임지게 하는 게 상식적이고 합리적일 것이다. 하지만 조직분화 과정에서 인사부서의 출현으로 각 조직의 책임자는 조직 인사 운영의 실질적인 책임자이면서도 권한과 역할은 부여받지 못한 채 수동적인 존재로 전락한다. 이로써 인사부서는 평가권과 보상권을 휘두르는 원망의(?) 부서로 재탄생한다.

각 단위조직에 조직 운영의 권한을 부여해야 한다. 조직의 책임자는 회사가 제공한 자원을 바탕으로 조직을 운영해야 한다. 회사에서 활용할 수 있는 자원은 '사람'과 '예산(돈)'이다. 조직의 책임자는 회사가 할당한 '사람'과 '예산(돈)'을 활용하여 자신에게 맡겨진 조직의 미션을 수행하는 사람이다. 이러한 역할을 맡은 조직책임자를 인사조직관리자 People & Organization Manager 또는 줄여서 조직관리자 People Manager라고 부른다. 회사가 조직관리자에게 조직의 미션을 위임하고 '사람'과 '예산(돈)'을 할당하여 조직을 운영하는 방식을 조직관리자 중심의 조직관리모델이라고 한다.

지금까지 조직 단위를 책임지는 사람을 설명하기 위해 '조직책임자'라고 표현했지만, 이후로는 조직관리 역할을 분명하게 표현하기 위해 같은 뜻이지만 '조직관리자'로 변경하여 통일하고자 한다.

조직관리자 중심의 조직관리모델에서 조직 운영은 인사부서, 조직관리자, 그리고 직원의 3주체가 각자의 이해관계 강조점을 조금씩 달리하면서 다이내믹하게 움직이는 예술 행위다. 먼저 인사부서와 조직관리자의 긴장 관계를 살펴보자. 인사부서는 조직관리자에게 회사 관점에서 공정하게 정해진 룰에 맞게 조직을 운영하라고 요구한다. 인사부서는 의도를 가지고 평가하는 목적 고과와 평가자 오류를 지속해서 교육하고 강조하면서 '공정한' 조직 운영을 위해 애쓴다.

인사부서의 키워드는 '공정성'이다. 따라서 조직관리자는 주어진 권한으로 자신이 담당하는 조직의 팀워크와 동기부여를 위해 최선을 다해야 한다. 평가 시에 활용할 수 있는 재량권과 보상 권한으로 자신이 맡은 조직의 제약조건 아래서 최대한 조직구성원을 만족시킬 방법을 찾아야 한다. 이를 위해 필요한 경우라면 목적 고과를 하기도 한다. 조직관리자는 승진을 앞둔 직원을 마냥 '공정하게'만 평가할 수 없기에 직원들의 수용성과 동기부여에 더한 비중을 둔다. 이것이 조직관리자의 관점에서는 진정한 조직관리를 위한 '공정성'이다.

조직관리자의 키워드는 획일적인 '공평함'이 아닌 '직원의 수용성과 동기부여'이다. 이를 통해 팀워크와 성과향상을 추구하는 것이다. 이런 면에서 인사부서와 조직관리자는 어느 정도 긴장 관계를 형성한다.

조직관리자와 직원 역시 긴장 관계를 형성한다. 예를 들어, 조직관리자는 직원을 합리적으로 평가하기 위해 지속해서 평가 관련 정보를 수집한다. 어떤 직원이 조직에 협조적인지 불만이 많은지를 파악하고 필요한 대응을 해야 한다. 반면, 직원들은 평가권과 보상권을 지닌 조직관리자에게 자신의 가치를 드러내기 위해 노력한다. 조직에 대한 자신의 기여도를 수시로 알리고 좋은 평판을 얻기 위해 동료들과 우호적인 관계도 쌓아야 한다. 이러한 직원들의 '눈속임'에 속지 않으려면 조직관리자는 경찰관의 매서운 눈으로 살펴야 한다. 이런 면에서 조직관리자와 직원들은 건강한 긴장 관계를 형성한다.

마지막으로 인사부서와 직원 간의 긴장 관계를 살펴보자. 인사부서는 회사가 추구하는 핵심 가치와 인재상을 제시하고 전체로서 직원들을 이끌고 가려 한다. 그리고 직원들의 니즈가 무엇인지 다양한 측면에서 파악하여 반영하고자 한다. 물론 회사정책에 부합하는 긍정적 사고를 지닌 직원을 많이 육성하는 게 근본 목표이다. 반면에 직원들은 회사 측에 임금, 복리후생, 근로조건 등 자신들이 기대하는 수많은 요구를 관철하기 위해 다양한 방식으로 노력한다. 때로는 노동조합을 통해서 요구하고 다른 한편으로는 조직의 계통을 이용하여 제안하기도 한다. 이러한 측면에서 인사부서와 직원들은 또 하나의 긴장 관계를 형성한다.

이러한 3주체의 다각적인 관계가 조직에 건강한 긴장을 형성하여 다이내믹하게 어우러질 때 조직 활력의 원천과 조직 역량으로 축적된다. 조직관리라는 동일 '운동장 playground'에서 3주체는 서로 다른 논리로 각자의 목적달성을 위해 적당한 긴장과 갈등 속에서도 궁극적인 직원 육성과 만족이라는 같은 목표를 지향한다. 이러한 의미에서 조직인사의 운영은 '과학이 아니라 예술'이다. 따라서 조직관리모델을 설계할 때, 이와 같은 다이내믹이 효과적으로 나타날 수 있도록 3주체 간의 역할과 권한 배분을 적절히 조율해야 한다. 이것이 바로, 조직관리모델 설계에서 핵심적으로 고려할 조직역동성관리이다.

4. 조직관리자에게 재량권을 넘겨주자

조직 인사관리 기능을 서비스 관점에서 보면, 인사부서는 서비스 기획자 service planner, 현업의 조직관리자는 서비스 실행자 service agent, 직원은 서비스 사용자 service user이다. 조직관리모델을 설계하는 것은, 이러한 3주체 간의 역할과 권한을 어떻게 효과적으로 정의하는지에 대한 문제이며, 그중에서도 조직관리자의 재량권 discretion (권한과 책임)을 어느 정도 부여하느냐가 관건이다.

- 조직관리자들은 인력 채용 시 어느 정도 관여하고 권한을 행사하는가?
- 조직관리자들은 직원 평가 시 어느 정도의 책임과 권한을 가지는가?
- 조직관리자들은 직원 보상 결정 시 어느 정도 관여하고 권한을 행사하는가?
- 조직관리자들은 직원들의 교육 기회 배분 시 어느 정도 관여하고 권한을 행사하는가?
- 조직관리자들은 직원 배치전환 시 어느 정도 관여하고 권한을 행사하는가?

위와 같은 근본 질문에 따라 조직관리모델은 조직인사 운영을 위한 룰과 프로세스를 설계하고 조직인사 운영의 3주체인 인사부서, 조직관리자, 그리고 직원의 역할을 정립한다. 조직관리자들에게 재량권을 어느 정도로 부여하느냐에 따라 조직관리자들이 조직인사 운영의 주도적 행위자가 될 것인지, 실행의 보조자가 될 것인지가 좌우된다.

당연하게도 조직이 정상적으로 운영되기 위해서는 조직인사의 모든 영역에서 조직관리자가 상당 부분 권한을 가지고 자기 책임하에 조직을 운영한다. 하지만 우리나라는 그동안 선진적인 '성과주의 인사제도'를 도입하면서 인사제도 수립의 근본 문제는 심각하게 검토하지 않았다. 무턱대고 '평가에 따라 보상을 차등 제공한다'는 원칙만으로 서구식 인사제도의 겉모습만 흉내 낸 것이다.

인사부서는 조직관리자의 역량을 믿을 수 없다며 평가 권한과 보상 권한을 조직관리자에게 주지 않고 인사부서가 관장해왔다. 평가 시기에 엄격한 상대 분포로 배분하는 등급(주로 5단계 평가 등급) 구조에서 조직관리자에게는 등급별로 인원만 할당하도록 했으며, 급여 인상은 평가 등급에 맞추어 기계적으로 인사부서가 인상률을 정하여 반영했다.

5. 조직관리자 중심 조직관리 모델 : 기본 모델 Protype

조직관리자 중심의 조직관리모델은 조직관리자가 회사가 위임한 재량권으로 조직을 운영한다는 대전제에서 출발한다. 회사가 위임한 재량권을 사용하기 위한 자원은 '사람'과 '예산(돈)'인데 조직관리자는 위임된 재량권을 최대한 효과적으로 활용하여 팀워크를 유지하면서 조직의 미션을 달성할 책임을 진다.

조직관리자는 우수한 직원 확보를 위해 필요한 '일 Job'을 정의하고, 후보자를 탐색하여 최종면접 여부를 결정한다. 일반적으로 직원의 충원 필요가 발생했을 시 조직관리자는 어떤 경험과 지식을 가진 인력이 필요한지 '일의 요건'을 정의하고 주위 동료, 채용사이트, 관련 학과 등을 통해 후보자를 탐색한다. 그리고 후보자를 압축하여 1차 면접을 수행하고, 때로는 2차 혹은 3차 면접을 거친 뒤 회사가 정한 프로세스에 따라 최종면접으로 채용 여부를 결정한다.

우리나라는 산업화 시기에 인력 수요가 많아서 신입사원을 대규모 공개채용 형태로 진행했다. 하지만 대다수 산업이 성숙기에 접어들어 미래 신입사원 채용은 대규모 공채보다 개별 채용 형태가 많아질 것이다. 이미 대기업을 제외하고는 공채 방식으로 채용하는 모습은 점차 사라지는 중이다. 채용 과정에서 조직관리자는 예산 범위 내에서 자신이 구상하는 팀 인력구조에 맞게 인력을 소싱할 권한을 가진다.

조직관리자의 가장 큰 책임은 직원을 육성하여 성장시키는 것이다. 먼저, 자기 조직에 소속된 직원들의 경험 정도와 숙련도, 그리고 본인 지향을 고려하여 개인에게 알맞은 업무를 할당하고 적재적소에 인력을 배치해야 한다. 이를 바탕으로 자기 조직의 직원들과 매년 초 육성(직원의 성장)을 위한 계획을 세우고 지속해서 관찰하고 지원해야 한다. 또한 이 과정에서 해당 직원이 업무를 충실히 수행하도록 지도한다.

마지막으로 각 직원의 업무수행 정도가 기대에 부합했는지 판단할 수 있어야 한다. 이런 판단에 기초하여 차기 연도 업무계획을 세울 수 있으며, 중장기적으로 조직에 기여한 실적을 검토하여 승진 기회를 부여하고 급여 인상에 참고 자료로 사용할 수 있어야 한다.

조직관리자는 직원의 급여 인상과 성과급(인센티브)을 결정해야 한다. 급여 인상과 성과급의 총 재원은 당해연도의 경영 성과를 종합하여 CEO가 결정할 터인데(이때 인사부서는 재무부서와 협의하여 사전에 정의된 성과 평가 기준에 따라 실적 자료를 수집하고 판단 정보를 준비하여 CEO에게 보고한다) 급여 인상 재원이 각 조직 단위로 할당되면, 이를 배분하는 역할과 책임이 조직관리자에게 있다.

보상의 재원 배분 관련하여 과거에는 인사부서가 획일적으로, 때로는 기계적으로 평가 등급별로 급여인상률과 성과급 금액을 정해서 집행하는 것이 일반적이었다. 그러나 평가 등급별 급여 인상은 같아야 한다는 맹신은 인사 운영을 기계적으로 만드는 행위로 제한된 보상 재원을 비효율적으로 사용하는 바람직하지 않은 방식이다. (우리는 현재 대다수 기업이 적용하는 5단계 엄격한 상대평가는 없어져야 한다고 주장한다.)

동일 B등급(중간 등급)을 받는 2명의 직원에게 같은 임금인상률을 적용해야 한다는 고정관념에 얽매일 필요가 없다. 오히려 직원들의 직급, 연차, 수행한 업무 난이도 그리고 특이사항을 종합·고려하여 급여 인상에 차이를 둘 것인지를 판단한다. 이러한 판단을 할 수 있는 사람은 조직을 이끌고 직원과 함께 일하면서 지도했던 조직관리자밖에 없다.

이러한 관점에서 경력 입사자를 채용하는 경우, 해당 직원을 사용할 조직관리자가 경력 후보자의 업무경력, 해당 업무의 난이도, 해당 업무의 시장 가치를 고려하여 후보자에게 제시할 급여의 가이드라인을 제안해야 한다. 경력 입사자가 어느 정도의 직무 가치를 지녔는지를 가장 잘 판단할 사람은 그 사람에게 업무를 할당하고 함께 일할 조직관리자이다.

회사는 조직에 관한 부서 운영비와 각종 경비 규정을 두고 운영한다. 조직관리자는 자신이 책임지는 조직에 부여된 다양한 예산(돈)을 목적에 맞게 합당하게 사용해야 한다. 부서 운영비 등 부서에 위임된 예산은 공적 목적으로 조직의 팀워크를 증진하는 데 사용해야 하며, 야근 식대나 교통비 등의 경비도 정해진 취지와 절차에 따라 직원들이 사용하도록 지도한다.

일부 기업은 조직장에게 부여된 부서 운영비를 부서장 개인에게 지급되는 복리후생비로 오해하여 부서장이 사적 목적으로 사용해 직원들의 불만을 사는 경우가 있다. 이러한 현상은 부서장이 도덕적이지 못해서가 아니라 조직관리자로서 예산을 집행하는 역할과 행동에 설명과 훈련이 부족했기 때문이다.

조직관리자는 업무를 수행하는 과정에서 발생하는 사업비용을 합리적으로 수립하기 위해 재무부서와 협조해야 한다. 올해 사업계획에 반영된 예산 항목이라고 하더라도 실제 집행 과정에서 상세한 집행계획을 세우고, 재무부서(구매부서)와 협의하여 비용의 적정성과 집행 시기를 검토하여 효과적으로 업무를 수행해야 한다. 이때는 나의 부서 관점뿐만 아니라 재무부서나 구매부서의 처지에서도 검토하여 관련 부서가 유기적으로 협력하여 원만하게 업무가 처리되도록 해야 한다.

조직관리자는 직원이 언제 출근하고 퇴근하는지를 확인하고 어느 곳에서 근무하고 있는지 언제든 확인할 수 있어야 한다. 이는 직원이 출퇴근할 때 매번 조직관리자에게 대면으로 확인받아야 한다는 의미가 아니다. 조직관리자가 직원들의 근무상황을 늘 파악해서 운영하라는 의미이다. 최근 비대면 재택근무가 활성화되는 추세에서 조직관리자가 다양한 장소에서 근무하는 직원들을 효과적으로 관리하는 스킬이 더욱 중요해졌다. 아울러 조직관리자는 직원의 각종 휴가 계획을 확인하고 승인하며, 그 결과를 인사부서에 통보하여 전사적으로 인력관리가 이루어지도록 협조해야 한다. 군대로 비유하자면 장수가 휘하 군인의 편성 상태를 늘 파악하고 즉시 전투에 임하도록 대비하는 것과 마찬가지다.

6. 조직관리자의 역할

조직역동성관리는 관리자 중심의 조직관리모델이 핵심이다. 조직관리자가 조직을 운영할 다양한 아이템으로 재량권 안에서 책임지고 활용할 수 있는 방식으로 조직을 세팅한다. 따라서 이제부터는 전통적 인사시스템의 하위 모듈을 하나씩 언급하면서 조직관리자가 활용할 룰과 프로세스의 일반적인 모델을 제시할 것이다. 꽤 규모 있는 기업을 가정했으니, 세부적인 수준은 각 회사가 처한 사업 특성, 규모, 연혁, 구성원의 특성, 그리고 조직 여건을 고려·조정하여 적용하면 된다.

1) 인력관리와 육성

조직관리자는 당해 사업계획에 근거하여 각 조직의 목표를 성취하기 위해 준비된 인원으로 조직을 운영해야 한다. 경영환경 변화에 따라 해당 조직의 목표가 변경되고 인력의 가감이 생길 수 있지만, 중대한 변화가 발생하기 전까지는 당해 사업계획에 기초하여 인력 운영을 해야 한다. 사업계획에는 당해 목표를 달성하기 위한 자원(사람과 예산) 투입계획이 반영되어 있기 때문이다.

인력을 스태핑할 때는 각 조직의 직급별 인력구조를 고려해야 한다. 특정 직급에 인력이 집중되어 있으면 업무 할당을 최적화하기 어렵고 직원의 승진관리나 장기적인 성장 측면에서 문제가 발생할 수 있기 때문이다. 조직관리자는 해마다 직원들의 주요 업무를 할당하면서 직원들의 주요 역할과 육성 방향을 고려해 관리한다. 직원마다 경험 정도와 역량의 차이 등을 지속해서 파악해 해당 연도에는 어떤 역량을 개발하고 성장시킬지에 대해 고민해야 한다.

조직관리자는 자기가 맡은 조직의 후임자를 발굴하고 리더로 육성해야 한다. 조직이 안정적으로 운영되기 위해서는 현재 조직관리자의 새 포지션으로 이동과 퇴임에 대비해 후임자로 2명 이상을 염두에 두고 육성해야 한다. 현명한 조직관리자는 자신이 염두에 둔 후임자를 육성하기 위해 후임자 후보를 타 조직에 노출하고 업무 성취를 주변에 알려 그를 부각하는 의도적인 행동을 해야 한다. 후임자가 어느 날 갑자기 보직을 맡아 조직을 운영하면 혼란과 시행착오를 겪으므로 이런 현상을 방지하기 위해 사업계획을 발표하거나 중요회의에 참석시키면서 서서히 경험을 축적하면서 준비시킬 필요가 있다.

2) 채용

조직이 제대로 돌아가기 위해서는 특정 조직이 새 구성원을 받아들이는 채용 프로세스에서 선택의 권한을 조직관리자에게 부여해야 한다. 이때 인사팀은 채용 포지션의 직급에 따라 면접단계를 1회로 할지 2회 이상으로 할지를 정한다. 포지션의 직급에 따라 1차 조직관리자(예, 팀장)가 채용 여부를 판단하고 종료할지, 2차 조직관리자(예, 본부장)가 최종적으로 채용 여부를 판단할지를 정할 수 있다.

그리고 조직관리자는 채용 여부를 판단하는 동시에 외부 인력시장의 상황을 고려해 해당 포지션의 급여 수준을 인사팀에 제시할 수 있다. 이러한 조직관리자의 역할이 매우 중요한데 그동안 거의 간과되었던 부분이다. 그 조직에 합류할 직원에게 발생하는 인건비를 가늠할 수 있어야 그 조직이 전체적으로 어떠한 비용을 투자하는지 알 수 있고 이를 기반으로 주어진 총예산을 바탕으로 효과적인 성과달성이 가능하기 때문이다. 극단적인 예로써 조직관리자는 연봉 1억 원 받는 직원 1명을 활용할지 연봉 5천만 원 받는 직원 2명을 활용할지를 판단하고 결정할 수 있어야 한다.

조직관리자가 채용하는 포지션(직무)별로 합리적인 급여 책정 가이드를 갖도록 인사팀은 주요한 포지션(직무)의 시장임금자료를 보유하는 동시에 회사의 포지션(직무)별 임금 정책을 매년 재검토해야 한다. 인사팀은 현장 조직의 요청에 따라 채용 포지션의 업무 기술서를 확정하고 채용 스케줄을 계획하고 채용 공고도 내야한다. 그리고 채용이 완료될 때까지 스케줄과 프로세스를 관리한다. 현장 조직관리자의 판단을 존중해 채용 결정이 내려지면, 인사팀은 입사 후보자와 입사 조건을 협의하여 입사 일정을 조율한다.

이때 현장 조직관리자가 특정 후보자로 채용 의견을 제시했더라도 인사팀은 합리적인 판단으로 조직관리자와 다른 의견을 제시할 수 있다. 그리고 판단이 일치하지 않는다면 인사팀과 조직관리자 간의 토론과 협의로 최종적인 합의를 끌어낼 수 있다. 이 과정은 기계적 권한이 아닌 조직 운영에 필요한 인력 충원 관점에서 인사팀과 조직관리자 간의 예술적인 협력 행위가 된다.

한편, 국내기업이 여전히 시행하는 신입사원의 정시 채용과 집단 공개채용은 인사팀의 계획적인 개입이 필요하다. 이 과정도 면접단계에 현장 조직관리자가 충분히 참여하고 인력이 필요한 조직의 관리자가 예비 합격 후보 인력 pool 중에서 선택하도록 프로세스를 정할 수 있다. 이렇듯 기본 원칙은 각 조직에 필요한 인력을 해당 조직관리자의 책임과 판단으로 선택할 수 있다. 그 인력을 활용하여 조직의 성과를 내는 일이 조직관리자에게 맡겨진 책임이기 때문이다.

3) 업무성과와 조직부합 판단

조직관리자는 직원이 수행한 업무성과의 우열을 판단할 수 있어야 한다. 직원에게 맡긴 일을 목표대로 잘 수행했는지 수행과정에 특이점은 없었는지를 살펴서 판단한다. 결과만을 놓고 판단하지 말고 업무수행과정에서 대두된 변화사항과 예상치 못한 돌발 상황을 고려하여 업무수행에 따른 종합적인 판단을 내려야 한다.

예컨대, 주어진 업무 목표를 100% 달성했더라도 기계적으로 판단해서는 안 된다. 시장 상황이 갑자기 좋아진 덕에 누구라도 100% 이상 달성하는 상황이라면 판단을 달리해야 한다. 반면, 비록 목표에는 미달했더라도 급작스러운 시장의 악조건에서 최선의 결과를 만들었다면 '못했다'라는 판단을 내려서는 안 된다. 업무성과의 합리적인 판단은 다음 연도의 업무 할당, 급여 인상, 성과급 지급에서 고려할 중요한 기초 정보가 된다.

만약 특정 직원이 그에게 부여된 업무를 수행치 못하고 부진한 모습을 보인다면, 업무가 맞지 않는지 검토하여 업무를 재배치하거나 업무수행 역량이 부족한지를 검토하여 성과역량 향상 계획을 수립하여 집중적으로 육성해야 한다. 이러한 방법을 활용하고도 여전히 부진하다면 직원 본인과 회사를 위해 퇴직을 심각하게 검토해야 한다. 이때 업무 부진자의 퇴직 결정은 전적으로 조직관리자의 책임과 판단으로 진행해야 한다. 조직의 특정 개인이 업무가 부진한데도 아무런 조치 없이 일손이 부족하다고 추가 인력을 요구해서는 안 된다. 만약 업무 부진자를 계속 근무시킬 거면 조직관리자는 다른 직원들에게 쏠리는 업무 부하와 불만을 원만히 관리하여 팀워크에 문제가 발생하지 않도록 해야 한다.

그러나 요즘 직원들은 특정 동료 탓에 본인의 업무가 늘어 피해를 보는 상황을 수용하지 않는다. 시대가 변하여 직원들이 회사 내 비합리적인 모습에 적극적으로 발언하는 편인데 직원들의 퇴사 사유 중 '동료 직원이 분위기를 해치거나 자기 몫을 다하지 못해 피해를 주어' 퇴사하는 사례가 늘고 있다. 아울러 직원이 조직의 분위기와 문화에 잘 적응하는지, 회사가 원하는 바람직한 인재상을 잘 구현하는지도 판단해야 한다. 조직에서 형성된 암묵적인 행동 가이드라인을 준수하지 못하고 조직과 융화하지 못한다면, 해당 직원이 계속 근무하는 것이 바람직한지 조직관리자는 심각하게 고민해야 한다.

4) 팀워크와 동기부여

조직관리자는 직원들이 서로 협력·의지할 수 있는 분위기를 조성해야 한다. 현대 조직은 개인적으로 특수 업무를 수행하는 경우를 제외하면, 일반적으로 팀을 구성하여 협동 업무를 수행한다. 팀 조직 내에서 개인별로 담당 업무를 할당하여 수행하지만 모든 개인에게 완벽하게 업무를 배분하는 건 불가능하다. 오히려 개인들 간 약간의 업무가 중첩되도록 업무 배분이 이루어진다.

사실, 중첩된 업무가 팀워크로 해결할 영역이다. 팀워크가 좋은 조직은 중첩된 업무에 '내 업무가 아니다'라고 하거나 '내가 그 일을 왜 하느냐'라고 불만을 토로하지 않는다. 오히려 당연한 일이라고 생각하는 그 팀워크가 팀의 성과를 올리는 지름길이다. 이렇듯 중첩된 업무를 적극적으로 수행하는 직원에 대해서는 조직관리자가 업무수행을 판단할 시 충분히 고려해야 한다.

이러한 상황에 적용되는 개념이 '조직시민행동 Organizational Citizenship Behavior'이다. 조직시민행동은 '누가 시켜서가 아니라 자발적으로 조직의 발전을 위해 선의로 하는 행동'을 뜻한다. 예를 들면, 아무도 없는 불 켜진 회의실의 불을 끄고 사무실을 정리하고 동료의 출력물을 가져다주며 곤란한 팀원을 위해 우정을 나누는 행동이 여기에 해당한다. 조직에서 공식적으로 지킬 행동으로 제시되진 않지만(평가지표가 아니지만), 선의의 행동에 서로 공감하면 팀워크가 좋아져 활기찬 조직이 된다. 궁극적으로 조직의 성과가 높아진다는 사실은 말할 필요가 없다. 이에 조직관리자는 팀원들 사이에 자발적인 조직시민행동이 발휘되고 전파될 수 있도록 동기부여로 팀워크를 개발해야 한다. 조직시민행동이 적극적으로 발휘되는 공감 분위기를 만드는 것 역시 조직관리자의 역할과 책임이다.

또한, 팀워크는 개별 단위조직 차원의 문제만은 아니다. 전사적인 관점에서 볼 때 조직마다 이해관계가 있기에 때로는 긴장과 갈등을 빚는 경우가 종종 있다. 이런 상황에서도 전사적인 팀워크가 절대적으로 필요하다. 내 조직의 이익을 앞세우지 않고 회사 전체의 이익을 먼저 고려하면 기준은 명확해진다. 타 부서의 협조 요청에 적극적으로 협력함으로써 회사 전체가 하나의 팀 one team을 지향해야 한다. 조직이 자신의 이익만을 앞세우는지, 전사적인 이익을 먼저 고려하는지에 대한 관찰은 조직관리자의 조직관리자인 차상위 조직책임자(최종적으로 CEO)의 역할과 책임이다.

조직관리자는 직원들이 의욕적으로 업무를 수행할 여건을 조성해야 한다. 일반적으로 동기부여는 특별하고 어려운 것으로 생각하기 쉽다. 하지만 조직의 책임자로서 적시에 실무 의사결정을 하고 업무지시를 상식에 기초해 내린다면 직원들을 동기부여 하는 데에 충분하다. 만약 상당수 직원의 동기부여가 떨어진다면, 그것은 조직관리자가 의사결정을 미루거나, 직원에게 책임을 떠넘기거나, 퇴근 전에 업무를 지시하거나, 어제의 이야기 내용과 오늘 이야기 내용이 다를 때다. 상식과 합리적 기준을 벗어났기 때문에 직원들이 실망하는 것이다. 아울러 조직관리자는 직원들에게 회사의 각종 경영방침을 수시로 공유하고, 직원들을 사내 이벤트에 참여시켜 회사와 직원의 커뮤니케이션이 활발하도록 관리해야 한다.

더 나아가 조직관리자는 직원의 개인적인 특성과 성향을 이해하고, 이를 바탕으로 적절히 공감을 표현하고 존중해주는 스킬도 필요하다. 작은 관심과 배려로 직원들의 회사생활에 윤활유 역할을 해줘야 한다. 다만, 최근 사생활을 보호받으려는 경향이 짙은 만큼 개별 직원에게 지나친 관심, 조언, 개입 등을 삼가는 것이 바람직하다.

5) 리더십 개발

조직관리자는 조직의 리더로 성장하기 위해 꾸준히 자기 계발 self improvement에 힘써야 한다. 자신의 전문적인 스킬과 지식에 만족하지 않고 새로움을 지속해서 갈망해야 한다. 조직관리를 위해 효과적인 스킬과 방법을 습득하고 필요한 교육을 이수·보완해야 한다. 회사의 조직을 책임지는 리더로서 동료와 타 조직관리자로부터 본인의 평판을 확인하고 자신의 업무 스타일과 성격 개선에 냉정함으로 수정·보완해야 한다. 리더십은 애초부터 갖춰진 능력이 아니다. 반면에 한번 형성되었다고 완성되는 것도 아니다. 무뎌지지 않도록 꾸준히 벼려야 하는 칼과 같은 것이 리더십이다.

한편, 팀원들의 직급이나 성장 단계에 맞게 그들이 리더십을 개발할 수 있도록 코치하고 기회를 주어야 한다. 회사에서 보낸 시간이 많다고 저절로 리더십과 조직관리 능력이 키워지는 건 아니다. 조직책임자가 의도적으로 그들이 업무수행 과정을 통해 성장하도록 배려해야 한다. 예컨대, 초급 사원에게도 작은 업무 리딩을 맡길 필요가 있는데, 그 과정에서 핵심적인 포인트를 짚어주면서 스스로 업무를 마무리하도록 배려해야 한다. 이런 과정을 통해 어려운 업무도 소화하고, 타 부서와 협업 기회도 늘려가면서 조직관리 경험을 쌓아가는 게 바로 리더십 개발이다. 따라서 조직관리자의 가장 큰 성공 지표는 팀원 가운데 자신과 같은 아바타(혹은 더욱 뛰어난 스타플레이어)를 만들어 조직을 물려주는 일이다.

6) 보상관리

조직관리자는 그 조직에 할당된 보상 재원을 효과적으로 배분해야 한다. 보상 재원으로는 대개 당해 임금인상과 변동성과급(인센티브)이 있는데, 이 두 가지 항목을 활용하여 직원들의 동기부여를 통해 팀워크를 이뤄야 한다. 조직관리자가 보상 재원을 직원에게 배분하려면 개인의 업무성과와 역량, 당해 연도의 기여도, 중장기적 성장 가능성을 종합적으로 고려해 개인별 임금인상 금액을 결정한다. 경영성과급도 동일한 맥락에서 할당된 재원을 배분한다.

이때 임금인상과 경영성과급 지급이 비슷한 시기에 이뤄진다면 두 가지 보상 재원을 독립적으로 운영할지, 두 가지 재원을 함께 고려해 배분할지를 결정해야 한다. 이 판단과 결정은 조직관리자의 운영 방침과 관리 스타일에 맡길 수 있다.

그런데 여전히 대다수 한국의 기업은 조직관리자에게 보상 권한을 주지 않고, 평가 결과에 따라 인사부서가 기계적으로 인상률을 정하여 지급한다. 이러한 방식의 비효과성은 앞서도 설명했으니 추가로 언급하지는 않겠지만, 기본적으로 조직관리자가 팀원들의 보상결정권을 가지지 못하면 효과적으로 조직을 운영할 수 없다. 큰 조직 내에서 하나의 조직 단위는 창업단계의 조직과 비슷하게 관리해야 한다.

창업기 조직은 창업자(혹은 대표)가 회사의 직원들과 관련한 의사결정을 대부분 도맡는다. 누구를 뽑을지, 어떤 일을 시킬지, 얼마나 보상할지를 혼자 결정한다. 나아가 업무성과나 성과급도 알아서 결정한다. 이렇듯 큰 조직의 조직 단위도 마찬가지여야 한다. 조직을 책임지고 이끄는 조직관리자가 해당 팀원들의 보상을 결정하는데 권한을 가져야 한다. 그래야 그 조직의 인력을 효과적으로 관리하며 최적화된 업무를 수행하고 그 결과에 책임질 수 있다. 조직관리자에게 보상 배분 권한을 부여하는 것은 현재 한국의 기업이 풀어야 할 중요한 아젠다 중 하나이다.

7) 예산운영

상당수 회사가 조직의 장에게 팀워크 증진과 조직관리를 위해 부서 운영비 등의 이름으로 약간의 경비예산을 할당한다. 조직관리자는 이 운영비를 목적에 맞게 사용해야 하는데, 절대로 개인적인 목적으로 사용하면 안 된다. 반드시 제한된 경비예산 범위 내에서 조직의 팀워크를 위해 효과적으로 집행해야 한다. 지금은 많이 사라졌지만, 한때 일부 기업의 관리자는 부서 예산을 개인이 사용하는 줄 착각하여 회식비를 내주면서 자신이 사준 양 생색내기도 했다.

부서의 경비는 회사가 조직관리자에게 조직을 효과적으로 운영하도록 보조하는 투자금이다. 조직관리자가 면담 중인 직원과 차를 마시거나 식사할 수 있으며 팀워크 증진을 위한 단체행사 때 예산을 효과적으로 사용해야 한다. 이처럼 부서 예산이 크고 작음을 떠나서 효과적으로 사용하도록 훈련하는 게 조직관리자 역량을 기르는 첫 번째 기회가 된다. 부서 예산은 엄연한 공금이다. 공사를 구분하지 못하고 개인적으로 오용한다면, 더는 합리적인 의사결정을 기대하기 어렵다. 효과적으로 부서 예산을 운영하려면 조직 내 룰을 만들어 직원들과 공유·집행하는 것도 좋은 방법일 수 있다.

8) 근태 및 휴가 관리

조직관리자는 직원의 근태 勤怠를 늘 확인해야 한다. 직원의 출근, 출장, 외근 등의 상황을 파악하여 갑작스러운 업무 발생과 변동에 즉각 대응할 수 있어야 한다. 직원의 출퇴근을 대면으로 관리하라는 말이 아니다. 직원들의 근무상황을 종합적으로 인지하여 필요할 때 적절히 업무를 지시할 수 있도록 구성원의 일상을 관리하라는 뜻이다.

또한, 직원의 휴가 관리도 일과 생활의 조화 Work-Life Harmony의 관점에서 업무 패턴과 시기를 참작하여 편의를 고려하는 동시에 조직 업무에 차질을 빚지 않도록 관리해야 한다. 조직관리자는 평소 직원들의 휴가 현황을 파악하고, 혹시 업무에 밀려 휴식하지 못하는지, 휴가를 자유롭게 못 쓰는 분위기인지 깊은 관심을 기울여 조치한다.

'일-생활 균형 Work and Life Balance'은 업무와 휴가 관리 관점에서 강조되는데, '균형'보다는 '조화' harmony의 관점으로 접근하는 게 더욱 바람직하고 효과적으로 여겨진다. 어느 조직이든 회사업무는 시기별로 집중할 패턴이 존재하는데, 시즌이나 월말에 업무 처리가 몰리는 경우가 대부분이다. 이런 경우 기계적인 균형으로 업무관리에 임하면 직원들의 업무 집중도가 떨어지고 팀 내 업무 불균형 발생 가능성이 크다. 따라서 '조화'의 관점으로 접근하여 업무가 몰리는 시기와 그렇지 않은 시기의 패턴을 잘 관리하여 회사 업무의 효율성을 높이고 개인의 휴식·재충전 등을 효과적으로 관리하는 게 훨씬 합리적이고 바람직할 것이다. 일과 생활의 조화를 추구하는 것이 현대 조직관리모델에서 선택해야 할 방식으로 여겨지는 까닭이다.

9) 스타플레이어 관리

어느 조직(조직 내 업무 운영의 기본 단위)이든 팀원 중 업무 능력이 월등한 직원이 있기 마련이다. 이런 직원을 거느리는 부서장은 무척 든든할 뿐 아니라 중요한 업무처리 때 가장 먼저 떠오르는 그에게 일을 맡길 가능성이 크다. 이러한 고성과자 직원을 '스타플레이어'라 부르는데, 직원 대부분이 그의 업무 능력을 익히 알고 있다.

스타플레이어는 업무 이해도가 빠르고 업무처리 속도도 빨라 반복적인 일이 지속되면 업무 몰입도가 되레 떨어질 수 있다. 따라서 스타플레이어 직원은 꾸준히 새로운 자극을 주고 '조금 어려워 보이는 일'에 도전하도록 유도하는 게 좋다. 매년 반복되는 업무라도 작년과 다른 각도로 분석을 유도하거나 새로운 자료를 추가해 비교하라는 등의 업무 욕심을 자극할 계기를 꾸준히 공급하는 것이 바람직하다. 스타플레이어 직원을 지속해서 육성하려면 어려운 업무를 맡겨 스스로 극복하도록 유도해야 한다. 이 과정에서 단기적으로 일희일비하지 말고 긴 호흡으로 문제 해결 능력을 키우도록 육성하는 게 바람직하다.

한편, 새로 부임한 조직에서 특별한 직원이 보이지 않으면, 팀원을 관찰한 뒤 발전 가능성이 큰 대상을 발굴하여 의도적으로 업무 성과를 칭찬하고 인정해 팀의 우수 성과자로 인식시킬 필요도 있다. 이 과정에서 조직관리자가 리더십을 정립하고 팀원들에게 성과

향상과 개인 발전의 비전을 만들어 줄 수 있다.

반면, 한가지 업무를 잘한다고 해서 다른 일도 잘할 걸로 착각하면 안 된다. 조직 내 스타플레이어로 인식된 직원은 웬만한 성과에도 인정하는 분위기가 형성되는데, 특별히 맡겨진 업무를 제대로 처리하지 못한 경우라도 외부 여건과 주어진 환경을 탓하면서 스타플레이어를 감싼다. 물론 한두 번은 그럴 수 있다. 하지만 편견이 반복된다면 다른 직원들과 차별하는 모양새로 비치니 조직의 팀워크에 손상을 입히게 될 것이다. (이런 경우를 후광효과 halo effect 라고 한다)

스타플레이어는 스스로 업무 능력이 우수하다는 사실을 잘 안다. 그래서 자칫 오만한 모습을 보이거나, 자신은 늘 좋은 성과를 낸다고 맹신하기도 한다. 그런 스타플레이어가 수행한 업무 결과에 엄정하고도 냉정하게 업무성과를 피드백할 때, 당사자가 동의하지 않거나 반발하는 상황이 연출될 수 있다. 이럴 때 제아무리 스타플레이어로 인정받았다 하더라도 끊임없이 개발하지 않으면 정체된다는 점을 충분히 인지시켜주는 일도 조직관리자의 역할이다.

10) 저성과자 관리

조직 내에 저성과자가 없으면 좋을 것이다. 하지만 어느 조직관리자라도 이런 예는 없다. 흔히들 조직에서의 저성과자는 '업무성과가 낮은 직원'이라 여기지만, 깊이 생각하면 한 줄로 정의하기가 매우 애매하다. 일하는 방법을 잘 모르는 경우와 업무 태도가 좋지 않아 조직 분위기를 해치는 경우가 있다. 심지어는 특별히 업무성과가 나쁘지 않아도 조직관리자의 업무 스타일과 성향에 맞지 않는 예도 있다. 어떤 경우든지 팀 성과에 해가 된다면 '저성과자'에 대한 깊은 고민이 필요하다.

첫째, 어떤 유형이라도 저성과자와 차분한 대화로 현재 상황을 분명하고 냉정하게 인식시킬 필요가 있다. 뜻밖에도 본인은 업무성과가 낮다는 데 동의하지 않거나 인식조차 못 하는 경우가 허다하다. 따라서 객관적인 근거에 기반해 현재 상태를 충분히 전달하는 것이 바람직하다.

둘째, 개선과제를 분명히 제시하고 가능하다면 본인이 수긍하는 개선과제를 해결하도록 유도한다. 이 기회는 적어도 두세 번 정도 부여하면서 진지한 대화를 나눠야 한다.

셋째, 첫 번째, 두 번째 과정을 거쳐도 개선되지 않는다면 '우호적인 이별' 전략을 택해야 한다. 다른 부서로 이동할 기회를 부여하면 좋겠지만, 여의치 않다면(많은 경우 타 부서로 옮기기 쉽지 않다) 당사자와 충분한 대화를 통해 준비 기간을 가진 뒤 타사 이직을 유도하는 게 효과적이다. 이때 조직관리자는 당사자와 불필요한 갈등은 피하는 게 좋다. 지금까지 근무한 회사의 이미지가 나빠지지 않도록 자신의 감정을 잘 다스려 '나쁘지 않았던 회사와 조직관리자'

라고 인식시켜 원한을 사지 않는 '이별'을 준비해야 한다.

저성과자를 판단할 때 흔히들 업무 부진자라고 생각하기 쉽다. 하지만 실상은 그렇지 않다. 조직에 대한 태도 문제인 경우가 태반이다. 업무수행 결과의 우열을 떠나 회사와 동료를 대하는 태도가 좋지 못하다면 '저성과자'라고 판단하는 게 조직관리자의 관점에서는 합리적이다. 극단적인 예로, 업무성과가 좋아도 태도가 좋지 못한 직원과 업무성과는 보통이거나 조금 낮아도 태도가 좋은 직원이 있다. 이 두 사람을 판단할 때, 장기적으로 '누가 더 크게 조직에 이바지할지', '누가 더 적게 조직에 손해를 끼칠지로 판가름할 것이다. 당연하게도 조직관리자에게는 후자의 직원이 더 필요한 팀원이 된다.

이제 '성과'를 정의할 때 '태도' 요인까지 포함해야 한다. 조직과 동료를 대하는 태도를 떼어놓고 그 직원의 성과를 논할 수는 없다. 제아무리 업무성과가 좋아도 태도가 좋지 못한 직원은 그 자체로 팀의 성과를 저해하기 때문이다.

11) 후임자 관리

조직관리자의 가장 큰 사명은 자신을 대체할 수 있는 후임자를 길러내는 일이다. 그런데 아이러니하게도 후임자를 길러내는 데 가장 큰 걸림돌은 현재의 조직관리자다. 왜냐하면 후임자가 그의 자리를 승계할 사람으로 머지않아 자신의 자리가 없어지기 때문이다.

이러한 이유로 상당수 조직에서는 후배가 능력 있는 후임자로 성장할 가능성을 보이면 오히려 그를 못살게 굴어 내보내는 일이 심심찮게 벌어지곤 한다. 이런 현상은 특히 상위 조직을 맡은 임원이 팀장 가운데 그를 대체할 역량을 보이면 여러 방법을 동원해 타 조직으로 밀어내거나 심지어는 회사를 그만두게 하는 경우도 발생한다. 이것이 바로 조직이라는 정글에서 발생하는 조직정치 현상이다.

하지만 현실이 그럴지라도 후임자를 길러내는 일에 소홀하거나 우연에 맡길 수는 없는 노릇이다. 현재의 조직관리자에게 후임자를 발굴하고 이들에게 육성의 기회를 제공하는 것이 자신들의 책무임을 강조하고 또 강조해야 한다. 조직관리자는 향후 3년~5년 뒤 자신의 자리를 물려받아 안정적으로 조직을 이끌 후임자를 발굴하고 트레이닝해야 한다. 그래야 본인도 더 큰 조직으로 성장해갈 수 있는 것이다. 조직관리자가 더 큰 조직장으로 성장했을 때, 자신을 뒷받침해줄 조직이 바로 후임자그룹이기 때문이다.

후임자 후보는 3년~5년 후 가능한 인력군, 5년 이후 가능한 인력군, 그리고 길게는 10년 후 가능한 인력군처럼 장단기 측면에서 후보자를 살펴야 한다. 그리고 후임자들에게는 1년에 한두 번씩은 도전적인 과제를 주고 이를 해결하는 과정에서 경험과 자신감을 쌓을 수 있도록 유도한다. 한편, 후임자그룹(공식적으로 후임자라 통보하지 않는다)에 비공식적으로 향후 해당 조직을 이끌어가야 한다는 메시지를 보내 동기부여 시키는 것이 중요하다.

12) 교육 기회 관리

기업조직에서 직원들이 가장 많이 제기하는 불만 중 하나가 '교육'에 대한 갈증이다. 그만큼 직원들은 교육을 통한 성장을 기대한다. 그러나 조직은 모든 직원에게 그들이 원하는 교육을 제공하지는 않는다. 실상, 직원들이 원하는 교육은 모호하고 실제 업무에 도움이 될지 의문인 경우가 많다. 분명한 건, 기업은 교육을 제공할 자원이 한정돼 있으므로 조직관리자는 자신에게 부여된 교육자원을 팀원에게 최적화하여 배분한다는 것이다. 즉, 조직관리자는 가장 효과적인 '교육 기회' 관리를 통해 팀원을 성장시키고 만족도를 높이는 과제를 수행해야 한다.

'교육 기회' 관리라는 말은 이미 한정된 교육자원이라는 뜻을 내포하고 있다. 따라서 조직관리자는 자신이 쓸 수 있는 교육자원을 인식하고 어떤 직원에게 어떤 교육을 제공하여 자신이 맡은 팀의 성과를 최대화할지 고민해야 한다. 그저 순서대로 교육을 보내거나, 교육 니즈가 높은 직원에게 우선으로 교육 기회를 제공하는 우를 범해서는 안 된다. 또한 직원들이 경험한 교육이 실제 업무성과 향상에 도움이 되는지도 자세히 따져봐야 한다.

교육 기회 관리는 충분한 시간을 갖고 계획적으로 진행하는 게 바람직하며, 한번 계획한 교육은 되도록 보장해주는 게 좋다. 사실 대다수 조직에서의 교육은 늘 우선순위에서 밀리기 마련이다. 특정 교육을 받았다고 당장 업무성과에 반영하는 게 아니다 보니, 급한 업무가 생기면 교육을 포기하는 경우가 더러 생긴다. 이런 방식을 두세 번 반복하다 보면 어느새 교육은 제외한 채 업무에만 몰두하는 모습으로 귀결되고 만다. 따라서 직원들의 교육 기회 관리는 조직관리자의 매우 큰 결심이 필요하다. 동시에 조직 내 교육 관리는 한두 번의 경험이 쌓이면 전체 업무 가운데 비중이 큰 루틴으로 고정돼 자연스럽게 교육과 업무가 선순환을 이루며 진행될 수 있다.

교육 기회를 관리할 때 중요한 것은 제한된 자원으로 최대의 효과를 얻는 일이다. 직원들이 바란다고 모든 교육을 다 받을 수는 없다. 조직관리자는 팀원들의 현재 상황과 역량개발에 따라 장기적으로 조직에 기여도가 클 직원에게 교육 기회를 우선으로 부여할 수밖에 없다. 이러한 주장에 반발하는 직원이 존재하겠지만, 제한된 교육자원으로 조직을 관리하는 조직관리자 처지에선 합리적인 관점이다. 장기적인 조직성장에 이바지할 인력을 키워내는 건 조직관리자의 임무이자 사명이다. 따라서 교육 기회를 최적의 인력에 부여하는 것이 바람직한 의사결정이다. 이를 위해 조직관리자는 직원들의 업무 상황, 현재의 역량 수준, 장기적인 성장 가능성까지 충분히 파악하고 있어야 한다.

13) 부서 평판 관리

회사에 대한 외부의 평판은 회사를 운영할 때 든든한 경영자원 중 하나이다. 좋은 평판을 얻은 회사는 능력 있는 신입사원의 지원 경향이 높아지고 외부 자금조달에서도 우월한 지위를 얻는다. 충성고객 유지도 기업의 평판과 관련되어 있다. 우리는 평판 리스크 관리 실패로 어려워진 회사를 주변에서 곧잘 본다. 최근 ESG 경영 추세로 환경 보호 등 기업의 사회적 책임이 강조되고 있는데, 이에 대처하지 못한 기업은 경영상 위기를 겪는다. 폭스바겐은 배출가스 조작사건으로 기업 평판이 낮아진 탓에 2015년 12월 미국에서 100대를 채 판매하지 못했다.

회사 내 부서도 마찬가지이다. 좋은 평판을 가진 부서는 회사 내에서 더 많은 자원을 배분받는다. 반면, 평판이 좋지 못한 부서는 다른 부서에 비해 자원 배분 순위가 밀리기 마련이다. 여기서 자원은 더 유능한 직원을 배정받는 것, 더 많은 인원을 배정받는 것, 부서 구성원이 더 많은 승진 기회를 얻는 것, 타 부서보다 더 많은 예산을 배정받는 것 등이다.

회사와 마찬가지로 부서도 더 많은 자원을 배정받을 때 더 좋은 운영환경을 만들기 쉽다. 따라서 조직관리자의 역할 중 하나는 회사 내에서 조직의 평판을 관리하는 것이다. 부서 평판 관리의 효과는 정상적인 기업 상황에서도 발생하지만, 회사가 총체적 위기 상황에 닥쳤을 때 더 크게 부각한다. 회사 위기 상황에서 부서의 자원 배분 차이는 그동안 쌓아 놓은 부서 평판에 좌우되는 게 일반적이다.

외부와의 적극적인 커뮤니케이션은 조직관리자가 조직 내 평판을 관리하는 방법이다. 여기서 외부는 회사 내 다른 부서나 회사 내 상급자를 가리킨다. 부서가 좋은 평판을 얻으려면 조직관리자가 자신의 부서가 회사 내에서 차지하는 중요성, 현재 진행하는 사업 내용으로 회사 전체에 이바지한 내용을 홍보해야 한다. 이러한 커뮤니케이션 과정에서 조직관리자는 회사가 자신의 부서에 기대하는 정도가 얼마큼인지에 대한 정보를 얻고, 효과적으로 그 부서를 운영할 단서를 얻는다.

조직관리자는 직원들의 장점을 타 부서에 적극적으로 알려 자신의 부서는 우수한 직원들로 구성되어 있고, 직원들이 성장한다는 것을 어필해야 한다. 회사 전체 직원들 사이에 '가고 싶은 부서, 함께 일하고 싶은 동료와 관리자'라는 긍정적인 이미지를 구축해야 한다.

7. 인사팀을 해체하라

우리는 과감하게 지금과 같은 인사팀은 해체하라고 주문한다. 지금까지의 인사팀 역할로는 더는 존재의의를 가질 수 없다. 치열한 인재 전쟁 시기에 전체 조직을 인재 육성 시스템으로 변화시키는데 되레 걸림돌이 되기 때문이다. 인사팀과 오랫동안 일해왔고 지금도 인사팀에서 일하는 우리가 인사팀을 해체하자고 주장하는 것은 뼈아픈 자기 고백의 발로이다.

인사팀이 처리하는 업무 가운데 상당한 행정업무와 급여 업무는 이미 많은 기업이 외부화하여 전문서비스 업체를 활용한다. 단일 기업이 직원을 고용해 업무를 처리하는 것보다 전문서비스 업체를 활용하는 것이 더 저렴하고 안정적인 서비스를 받기 때문이다. 또한 채용 업무를 대신하는 다양한 서비스가 등장한 덕분에 기업은 채용 과정에서 면접관이 제대로 판단하도록 훈련하면 된다. 면접관은 대개 조직관리자가 담당하는데, 면접관 훈련을 전문으로 제공하는 서비스 업체도 다수 존재한다. 평가와 보상 권한을 조직관리자에게 부여하면 인사부서는 일정에 맞게 프로세스만 진행하면 된다.

교육 기능 역시 사내외 교육을 진행할 때도 운영 프로세스만 책임지면 된다. 인재 육성 측면에서 보더라도 인사팀은 연초에 경력개발계획을 세우라는 안내와 연중 실시하는 사내외 교육 제공이 맡은 역할의 전부이다. 즉, 육성과 교육 관련 프로세스를 진행하는 것 외에 인사팀의 역할은 거의 없다.

조직관리자가 각 직원의 경험과 역량 수준을 고려하여 업무를 할당하고, 업무수행에 따른 적절한 조언과 지도를 곁들이면 직원들은 한 걸음씩 성장한다. 일을 통해서 문제를 해결하고, 역량을 개발하고, 경험을 축적한다. 이 방법 외에 직원을 육성시킬 다른 묘수는 없다.

교육은 필요한 지식을 공급하고 새로운 관점을 제공하는 보완적 역할일 뿐이다. 물론, 조직관리자가 직원에게 비합리적으로 업무를 할당하고, 업무지도를 제대로 못 한다고 강변할 수 있다. 설령 그렇더라도 직원 육성을 인사팀이 대신해서는 안 된다. 조직관리자로서 역할 수행을 제대로 못 하는 조직장은 교체의 대상이지, 그에게 부여한 역할과 책임을 빼앗을 수는 없다.

결국 인사팀에게 남겨진 건, 중장기적인 회사 전략에 맞게 인력계획을 어떻게 정렬 alignment할지, 경영전략에 맞게 필요한 역량을 어떻게 확보할지(내부 육성 또는 외부 획득)를 지속해서 검토하는 것과 직원들을 하나로 뭉칠 수 있는 기업문화를 관리하는 역할이다. 이러한 기능은 기업 내 기획부서에 포함하거나 기업역량관리 부서로 재정의하여 운영할 수 있다. 단언컨대 지금까지와 같은 전통적 인사팀의 역할은 사라지게 될 것이다.

과연 그렇다면, 인사팀은 무엇을 할 것인가? 전통적 인사팀은 채용, 평가, 보상, 교육 기능으로 업무를 편성하고 기능별로 담당자를 지정·운영해왔다. 조직규모에 따라 하위 기능별로 개별 담당자를 두거나, 두세 가지 기능을 한 명이 수행하는 정도의 차이만 있을 뿐이다. 이렇게 인사부서를 하위 기능별로 구분하여 업무를 수행하면 인사부서 내부의 관점으로는 나름대로 효과적이고 분명한 업무의 권한과 책임을 확인할 수 있다는 장점이 있다.

반면, 업무를 파편화한 탓에 현장 조직관리자가 종합적인 '인사 서비스'를 제공하는 데 한계가 있다. 각 조직이 실제 업무를 수행하는 과정과 인사업무를 분리하는 폐해가 발생한 것이다. 이러한 기능식 업무 할당은 지극히 인사부서의 내부적 관점일 뿐 실제 조직 관리를 수행하는 관리자를 위한 활동은 되지 못하였다. 즉, 회사에 특정 인력이 합류하는 시점부터 업무 할당, 업무수행 과정에 대한 리뷰, 역량개발 그리고 퇴사까지의 조직관리 흐름에 맞춰 종합적으로 대응하는 것이 아닌 시기별로 단절되고 단편적인 업무지원에 머무르고 만 것이다.

실제적 예를 들면, 봄 채용 시즌에 맞춰 인력확보에만 초점을 두고 조직관리자들과 커뮤니케이션을 하고, 한참 시기가 지난 뒤 상반기를 마무리할 시점이 오면 직원에 관해 평가하라는 '공지'를 마지막으로 인사부서의 업무는 끝난다. 이런 활동이 인사부서의 전부인 양 오해한 것이다.

[그림 3-1] **인사부서 재구축 (변경 전)**

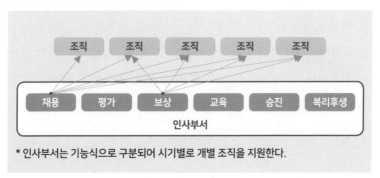

* 인사부서는 기능식으로 구분되어 시기별로 개별 조직을 지원한다.

[그림 3-2] 인사부서 재구축 (변경 후)

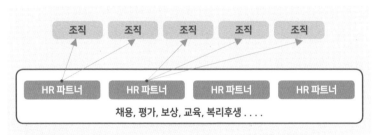

채용, 평가, 보상, 교육, 복리후생 . . . .

* 조직관리자를 지원하는 'HR 파트너'가 종합적인 인사서비스를 제공한다.

앞으로 새로운 인사부서 구조는 위 [그림 3-2]와 같이 조직관리자를 종합 지원하는 '파트너' 체계로 전환해야 한다. 회사의 채용 프로세스, 직원 육성의 기준, 업무성과 우열에 대한 판단 기준, 보상의 기준과 항목 등을 충분히 숙지한 인사담당자에게 종합적인 인사 서비스를 제공하도록 재편해야 한다. 특정 조직에 대한 전담 지원 인력을 지정하여 원활한 서비스 제공을 유도해야 한다.

예컨대, 인사부서의 홍길동 과장이 영업본부를 지원하고 이순신 차장은 생산본부를 지원하는 체계이다. 홍길동 과장은 내부적으로 채용, 평가, 보상 등 하위 기능 업무의 담당자 in charge가 된다. 하지만 대외적으로는 특정 조직에 할당되어 해당 조직의 인력 수급, 업무수행 관리, 보상관리 등에 가이드와 조언으로 해당 조직관리자(예, 본부장과 팀장)가 효과적으로 조직을 이끌 수 있도록 지원한다.

인사부서는 각 현장 조직이 효과적으로 돌아가도록 조직관리자를 보조하는 게 일차적인 책임이다. 이 과정에서 인사제도는 룰과 프로세스에 불과할 뿐이다. 각 조직관리자가 인사 운영을 위해 세팅한 룰과 프로세스를 충분히 이해하고 활용하도록 도와주는 업무가 인사담당자의 새로운 역할이다. 사실, 이러한 인사부서 모델은 새로운 것이 아니다. 글로벌 기업에서는 진즉 일반화된 형태인데, 유독 한국의 기업에서만 과거의 모습을 고집스럽게 유지하고 있다.

이렇게 인사부서 구조가 재정비되면 인사부서의 역할은 다시금 정의될 수 있다. 조직관리 업무는 조직관리자가 현장 업무를 수행하기 때문에 인사부서는 이제 중장기적인 인력계획, 시급하거나 핵심적인 인력의 수급 대책, 각 조직의 후임자 관리, 중장기적인 조직 역량 강화 방안, 저성과자 관리, 조직 전체의 사기와 문화관리 등으로 업무의 초점이 변경되게 된다.

이렇게 새롭게 정비된 역할은 '조직관리자와 HR 파트너' 관계라고 부른다. HR 파트너로 불리는 인사담당자는 조직관리자가 조직관리와 직원 관리업무를 수행할 때 발생하는 다양한 애로사항을 의논하고 가능한 솔루션을 제공하는 역할을 담당한다. HR 파트너가 조직관리자의 어려움을 이해하지 못하고 현실적인 조언을 하지 못한다면 자격이 없는 것이다. 앞으로 HR 파트너야말로 가장 조직관리 스킬이 높고 직원들과의 커뮤니케이션 능력이 뛰어난 직원일 것이다.

향후, HR 파트너는 인사부서에서 오랜 업무를 수행한 직원보다는 현장 조직의 경험이 있고, 직원들과의 커뮤니케이션 역량을 갖춰야 한다. 조직관리 스킬이 높은 직원들이 반드시 경험할 경력경로의 한 옵션으로 포지셔닝하여 조직에 적합한 인력을 발굴하여 활용하는 것이 바람직하다.

제 4 장

조직관리자가
활용할 무기

제4장

조직관리자가
활용할 무기

1. 인재육성위원회,
People Development Review (PDR) session

현재 국내기업이 적용하는 경쟁 지향적이고 조직 파괴적인 평가 방식은 사라져야 한다. 그런 식의 평가는 직원들의 불만을 키워 조직을 와해시킨다. 현재의 '평가' 행위는 육성을 지향한다고 포장하지만 결국 몇 등급 중 하나의 결과로만 표현된다. 이를 기초로 기본급 인상과 인센티브 지급으로 연결한 것뿐이다. 최우수 S등급을 받으면 인사팀이 10% 급여 인상으로 결정하는 식이다. 이 과정 어디에도 육성을 위하거나 조직 책임자의 판단을 반영하기 위해 노력한 흔적은 없다. 결국 누구도 평가 결과에 책임이 없고 누구도 만족하지 못하는 해괴한 평가행위가 된다. 모든 관계자가 서로 책임을 전가하며 동굴 속 술래잡기를 하는 셈이다.

이제 기업은 과거와 같은 조직 파괴적인 '평가행위'를 모질게 끊어내야 한다. 그동안 겉치레로 외쳤던 '육성지향형 평가'를 진정성을 다해 정착시켜야 한다. 직원들의 업무 성과를 제대로 파악하여 강점은 살리고 약점은 보완하여 육성할 수 있는 도구를 활용할 필요가 있다. 그 도구가 바로, '인재육성위원회 People Development Review(PDR)'다.

인재육성위원회는 기업조직의 사업부나 본부 단위로 편성되는 2차 조직관리자(2nd Line Manager 예, 본부장)와 2차 조직관리자 산하의 1차 조직관리자(1st Line Manager 예, 팀장) 및 인사부서가 주요 참석자다. 2차 조직관리자가 주관하여 1차 조직 단위별로 직원들의 업무 상황을 종합적으로 심의할 수 있다. 사업부 단위로 인재육성위원회를 진행하면서 사업부 내 특정 팀별로 진행하는 형태이다. 다만, 조직관리자의 경험이 부족하다면 인사부서가 인재육성위원회 세션을 주도한다. 초기 단계에서는 인사부서가 주도하되 향후 얼마간의 경험이 쌓이면 사업부가 인재육성위원회 세션을 주도하도록 조정할 수 있다.

특정 조직에 대해 리뷰할 때, 해당 1차 조직관리자가 기본적인 업무수행 결과를 요약·제시하면, 동일 사업부나 타 부서 조직관리자(팀장)는 자신이 경험·관찰한 의견을 제시한다. 이때 인사부서가 HR 파트너로서 취합한 정보·경험을 근거로 특정 직원의 업무수행 역량에 대한 의견을 제시할 수 있다. 이렇듯 소속 조직관리자, 타 부서의 조직관리자, 인사부서가 낸 의견을 종합하여 특정 개인의 업무 리뷰를 완성한다. 이때 과거 연도의 업무기록을 참고할 수 있으며, 이를 위해 매년 업무 리뷰 결과는 누적하여 기록돼야 한다. 이러한 방식으로 직원들에 대한 심층적인 업무성과 및 역량에 대한 리뷰가 이루어지는 것이다.

인재육성위원회는 개별 직원들이 반기/연간 수행한 업무성과를 종합적으로 살펴본다. 향후 부족한 점과 보완할 점을 발견하여 인력육성의 포인트를 제공하는 것이 목적이다. 따라서 직원들을 개별적으로 논의 테이블에 올리고 모든 관찰자가 의견을 모아가는 것이다. 이때 가장 중요한 리뷰 근거는 해당 직원을 직접 관리하는 1차 조직관리자의 기록과 의견이다. 하지만 조직관리자 한 사람만의 관점은 편향된 시각이 존재할 수 있다. 충분한 관찰이 이루어지지 않을 가능성을 염두에 두고 업무 연관성이 있는 타 조직관리자(팀장)의 의견을 경청한다. 마찬가지로 인사부서는 과거 히스토리 업무기록과 조직관리자 코칭 과정에서의 다양한 정보를 활용해 풍부한 논의를 한다. 이러한 종합적인 관점에서 모은 사실, 정보, 판단을 지속해서 누적해가며 직원 육성기록을 만들어 간다.

인재육성위원회를 진행하는 대전제는 '모든 직원이 만족할 만한 성과를 낸다'라는 관점이다. 기업조직의 직원들은 상호 협력하여 성과를 내는데, 이들은 회사의 채용 기준을 통과했으므로 회사가 맡긴 업무에 대해 만족할 만한 성과를 낼 걸로 기대하기 때문이다. 이러한 관점에서 출발하여 연초 계획한 업무 목표를 어느 정도 달성했는지, 연중에 업무 상황과 관련하여 어떤 변화와 변수가 발생했는지, 업무수행에 따른 장애와 애로사항은 무엇인지를 살펴보는 것이다.

여러 여건을 고려해 연초 계획한 목표를 얼마나 달성했는지, 특별한 기여가 있었는지, 기대에 부응하지 못한 결과를 낳았는지를 면밀하게 검토한다. 이렇듯 업무 성과 자체와 주변 환경을 종합적으로 살펴 개별 직원의 역량이 개발되었는지, 강점과 약점이 무엇인지를 파악할 수 있다. 향후, 해당 직원을 어떤 업무에 배치하는 게 적합할지, 개인적인 특성을 고려하여 어떤 경험을 쌓도록 유도할지, 언제쯤 승진이 가능할지, 아울러 중장기적으로 본인의 조직과 회사가 어떤 인력으로 성장시킬지에 대한 논의가 가능하다. 이러한 과정이 직원을 육성시키는 제대로 된 행위이다.

인력육성위원회를 진행하다 보면, 그 해에 특별한 성과를 보인 직원이 발견된다. 이러한 직원은 심층적인 리뷰를 통해 우연한 성과인지, 꾸준한 성과를 내는지를 살핀다. 아울러 과거의 업무성과를 참고하여 중장기적인 육성계획을 세우는 것이 바람직하다. 그 결과치로 계획적인 업무 전환이나 조직간 배치전환을 검토할 수 있고, 당해 보상에 대한 처우도 논의할 수 있다. 인력육성위원회의 판단은 참여자 다수의 시각에서 종합적으로 내렸기 때문에 편파적이지 않고 공정하기에 강력한 직원 육성의 근거가 된다.

반면, 성과에 현저하게 미달하는 직원도 있을 수 있다. 이런 경우는 그 해에만 특별한 사정으로 성과가 미달했는지, 최근 2~3년간 지속해서 성과가 부진했는지, 과거 기록을 참고하여 판단한다. 지속해서 업무성과가 부진했다면 그 원인을 찾아야 한다. 할당된 업무가 맞지 않는지, 협업하는 동료들 간 불화가 있는지, 업무수행 스킬이 낮아 부여된 업무처리를 못 하는 것인지 파악하여 그에 걸맞은 후속 대책을 고민한다. 그 결과로 업무나 조직을 재배치하는 대안이나 최후 수단으로 퇴사를 유도할 수도 있다.

이러한 과정에서 해당 저성과자와 관련된 조직과 책임자가 의견을 나누고 판단해야 의사결정의 실수를 줄이고, 후속 대책에 대한 책임감도 높일 수 있다. 회사와 함께 할 수 없다고 판단된다면, 소속 조직관리자의 책임하에 직원 면담을 통해 퇴사를 합의하는 게 바람직하다. 이 과정에서 조직관리자는 인사부서와 협의하여 타사로의 이직에 필요한 행정적 지원에 최선을 다한다.

인재육성위원회는 조직규모와 직급을 고려해 단계를 나누어 진행할 수도 있다. 조직규모가 큰 곳은 중간 이하 직급(예, 과장 이하)의 업무 리뷰에 대해 사업부(본부) 수준에서 진행한다. 중간 이상 직급(예, 차장 이상)은 사업부(본부) 단위가 1차로 진행하고 다시 회사 차원에서 종합적으로 리뷰할 수 있다. 리뷰 단계는 조직의 규모, 조직장의 경험 정도를 고려하여 설정한다. 아울러 인재육성위원회 운영 횟수는 1년에 1회 또는 반기로 나눠 두 차례 진행할 수 있다. 두 차례로 나눠 진행한다면, 상반기 회차는 중간 점검의 성격이 되고, 하반기 회차는 연간 업무성과와 역량개발을 종합적으로 판단하는 기회가 된다. 현재는 경영환경이 빠르게 변화하므로 직원의 육성 상황을 1년에 2회 체크하는 것이 바람직하다. 왜냐하면 1년에 1회는 시시각각 변화하는 경영 트렌드를 쫓아가지 못하기 때문이다.

인재육성위원회가 다루는 주제 중 하나는 직원들의 승진 심의이다. 그동안 대다수 한국의 기업은 승진 관련한 기준 연한을 정하고, 수년 치 평가 결과(점수 또는 등급)를 환산점수로 변환하여 높은 순서대로 줄을 세워 회사가 정한 승진율을 적용해 커트라인을 결정한다. 어떤 회사는 나름의 공정한 승진점수를 산출하기 위해 직급 내 최근 3년간의 평가 결과를 반영하는 방식을 쓴다. 직급별 승진율은 전년도 승진율을 기준으로 경영상황에 따라 조금씩 가감하는 정도다. 최근에는 향후 3~5년간의 중장기 인력계획을 고려하여 직급별 소요 인원에 따라 승진율을 판단하는 기업도 많다. 적잖은 기업이 평가 결과를 포인트로 환산하여 직급 내에서 포인트를 충족하면 승진대상이 되는 '승진 포인트제'를 사용하기도 한다. 하지만 여러 보완 절차를 거치더라도 직원들은 승진 결과에 불만을 품기 마련이다. 직원들이 승진 결과를 쉽게 받아들이지 못하는 이유는, 현재의 직급별 급여 밴드 구조상 승진 없이는 급여 인상을 기대할 수 없기 때문이다.

인사업무가 담당하는 관리기능 중 승진관리가 한국 기업이 보이는 가장 후진적인 모습이다. 그 이유는 '승진'에 대한 근본적인 이해가 부족하기 때문이다. 엄밀한 의미에서 승진의 본질은 '내부 채용'이다. 신입 또는 경력사원을 외부 시장에서 채용하듯 승진은 기업 내 인력 중 상위 포지션에 적합한 직원을 선발하는 과정이다. 승진에 따른 의사결정은 조직관리자가 맡은 책무 중 가장 중요한 판단행위가 된다. 따라서 인재육성위원회의 논의 가운데 중요한 주제가 승진자의 심의와 선발이라 할 수 있다. 승진 대상자는 인사부서 기준에 따라 후보자로 추려질 수도 있지만, 입사 6개월 이내나 인재육성위원회의 1회 심의 같은 기준만으로도 무방하다. 능력주의에 따라 능력을 발휘할 최소한의 기회를 제공해야 한다면 누구나 상위 포지션으로 승진할 기회를 주는 게 타당하다.

본격적으로 승진을 심의할 때, 인사부서가 중장기적인 인력계획과 다음 해의 주요 포지션에 가이드라인을 제공하고 이를 바탕으로 인재육성위원회를 운영할 수 있다. 어느 팀의 조직관리자가 승진할 만한 인력을 추천하면 해당 사업부의 유관 팀장들이 이에 의견을 제시하고, 사업부의 2차 조직관리자(사업부장)가 차 연도 사업부 업무계획과 팀별 균형을 고려하여 최종적으로 의사결정을 할 수 있다.

마찬가지로 임원이나 고위 직급자도 CEO 주관하에 사업부 조직 관리자 간 인재육성위원회에서 최종적인 논의로 결정할 수 있다. 이 과정에서 인사부서는 승진자로 추천된 인력이 '사전에 제시한 가이드라인에 부합하는지, 과거 업무 히스토리에 결격사유는 없는지, 상위 직급(포지션)을 수행할 만한 역량이 충분한지' 심도 있게 살핀 뒤 설명을 요구할 수 있다. 이때 현재의 업무수행 성과뿐 아니라 상위 포지션으로 승진했을 때 발휘할 수 있는 업무역량과 리더십이 주된 포인트가 된다. 참고로, 임원급은 직급과 직책(포지션) 구분이 점점 모호해지는 추세로 새로운 포지션을 수행하기에 적합한 후보자를 심의하고 그에 걸맞은 직급 승진을 부여하는 경우가 일반적이다.

2. 조직관리자 재량 보상시스템

전통적인 인사시스템의 큰 문제점은 인사부서가 개별 직원에 대한 보상 규모를 획일적으로 결정한다는 것이다. 매년 경영계획을 반영한 인건비에 따라 당해 총인건비 예산을 정하는 것은 인사부서의 당연한 역할이다. 마찬가지로 성과급제(인센티브제)를 원한다면 미리 정해진 기준에 따라 기획부서나 인사부서가 전체 성과급 재원을 결정한다.

기본급 인상을 예로 들면, 결정된 재원을 바탕으로 평가 등급에 따라 획일적으로 인상률을 정하는 게 현재 기업들의 모습이다. 이러한 역할이 인사부서의 파워라고 착각하는 경우가 허다하다. 직원들의 급여 인상을 인사부서가 결정한다는 잘못된 메시지를 심어준다. 여기에 인사부서는 평가 결과와 보상을 강하게 연계시켜야 한다는 나름의 논리를 내세운다.

하지만 이러한 방식은 보상 재원을 비효율적으로 낭비한다는 사실을 금세 드러낸다. A등급을 받은 모든 직원에게 7%의 급여 인상을 적용했을 때 A등급 직원 모두를 만족시킬 수 있을까? A등급을 받은 직원들은 회사가 정한 평가 등급 비율에 따라 A등급에 할당되었지만, 조직별 상황은 천차만별이다. 어떤 직원은 성과 창출에서 S등급과 차이가 나지 않지만, 회사 기준에 따라 A등급으로 배분되고, 어떤 직원은 B등급과 별 차이가 없는데도 A등급이 되는 행운을 얻는다.

따라서 정규분포에 기초해 상대 배분하는 평가 등급과 이와 연계한 획일적인 보상 배분은 직원들의 불만을 가중하는 비효율적인 방식이다. 불만을 품은 직원에게 인사부서는 '팀장의 평가 등급에 따라 급여 인상이 정해진' 거라고 변명하고, 해당 조직의 팀장은 '인사부서가 정한 등급 배분 기준을 따랐고, 급여 인상도 인사부서가 정했기에 나는 어떤 권한도 없다'라고 발뺌한다. 모두가 패자가 되는 상황이다.

한국 기업의 인사부서가 가장 두려워하는 의사결정은 현장 조직관리자에게 보상 권한을 넘겨주는 것이다. 보상 권한을 빼앗기면 인사부서가 종말을 맞는 양 반응한다. 보상 권한을 조직관리자에게 양도하자는 주장에 이들만의 강력한 반대 논리가 있다. 준비가 돼 있지 않은 조직관리자에게 보상 권한을 넘겨주면 개인적으로 오남용할 거라고 그들은 주장한다. 서슬 퍼렇게 외치는 인사부서에 묻는다. 언제쯤이면 조직관리자가 보상 권한을 제대로 사용할 준비를 마치겠는가? 조직관리자가 보상 권한을 행사하도록 인사부서는 어떤 트레이닝을 지원했는가?

지금껏 인사부서는 조직관리자가 보상 권한을 제대로 행사하도록 교육이나 훈련을 시켜준 적이 없다. 보상 권한을 넘겨주기 위한 계획과 로드맵도 고민해본 적이 없다. 그저 인사부서의 권한이라고 착각하는 보상 권한을 넘겨주지 않겠다는 노골적인 주장 말고는 조직관리자를 위해 어떤 것도 하지 않았다.

조직관리자에게 보상 권한을 넘겨주라는 것은 관리자의 책임과 판단으로 주어진 보상 재원을 소속 직원에게 배분하라는 의미다. 과거처럼 평가 등급별로 획일적이고 기계적인 임금인상률을 적용하지 말라는 것이다. 인재육성위원회 PDR의 논의 결과를 참고로 직원들에게 차등 배분할 수 있는 권한과 책임을 부여한다는 뜻이다. 보상 재원은 조직별로 배분하고 개별 직원에 대한 보상 규모 결정은 조직관리자의 판단에 맡기라는 것이다.

예컨대 영업팀에 할당된 급여 인상 재원이 1천만 원이고 팀원이 6명이라면, 팀장은 전년도 업무성과를 고려해 1천만 원을 6명에게 배분하는 것이다. 팀의 특성이나 작년도 성과에 따라 보상의 편차를 크게 할 수도, 적게 할 수도 있다. 팀 내 가장 우수한 직원에게 보상 재원의 상당액을 배분하고 나머지 직원들에게는 비슷한 수준으로 배분할 수도 있다. 전적으로 팀장의 판단에 달렸다.

보상 재원의 판단 시 참고하는 프로세스가 바로 위에서 언급한 인재육성위원회이다. 회의에서 직원 개인별로 논의된 내용을 바탕으로, 더 많이 보상해야 하는 직원이 구분되고 때로는 심각하게 고민해야 하는 저성과자의 해결방안도 이루어진다.

조직의 성숙도와 규모에 따라 1차 조직관리자인 팀장 수준에서 보상 배분을 결정하고 종료할 수도 있고, 팀장의 1차 판단에 2차 조직관리자(사업부장)와 함께한 논의가 더해져 최종결정할 수도 있다.

보상 재원의 판단 시 참고하는 프로세스가 바로 인재육성위원회이다. 직원 개인별로 논의한 회의 내용을 바탕으로 더 크게 보상할 직원을 구분하고 심각하게 고민할 저성과자에 대한 해결방안도 이루어진다. 조직의 성숙도와 규모에 따라 1차 조직관리자인 팀장 수준에서 보상 배분을 결정하고 종료할 수도 있다. 그런데 시스템을 처음부터 도입하기 어려운 경우라면, 1차 조직관리자의 의견을 바탕으로 2차 조직관리자가 결정할 수도 있다. 이렇듯 점차 경험을 쌓아 조직이 성숙해지면 1차 조직관리자에게 권한과 판단을 맡기는 방식으로 진화할 수 있다.

이런 경우, 인사부서는 보상 배분에 최소한의 모니터링과 가이드 제시만 수행하면 된다. 인사부서는 인재육성위원회가 논의한 우수 인재에게 적절한 보상이 제공되었는지, 각 팀에 제공한 가이드라인이 잘 지켜졌는지를 분석하고, 만약 문제가 발견되면 해당 조직관리자에게 설명을 요청하는 게 바람직하다. 더불어 인사부서는 조직별로 보상 재원을 배분한 후, 팀장들이 사용할 재원 배분 가이드라인을 제공해야 한다.

재원 배분 가이드라인은 균등 배분 금지, 1인에게 모아주기 금지, 최상위 직원에게는 몇 % 이상 인상, 저성과자는 급여 동결 등이다. 조직관리자는 배분 가이드에 따라 인재육성위원회가 논의한 결과에 만족할 만한 성과를 창출한 직원들에게 조금씩 다른 급여 인상을 배분할 수 있다.

그 이유는, 직원 모두 올해 '만족할 만한 수준'을 성취했지만 어떤 직원은 낮은 직급이고, 어떤 직원은 맡은 업무가 처음인 경우도 있을 것이다. 또 어떤 직원은 올해 다른 팀에서 배치 전환됐을 수도 있다. 이렇듯 다양한 상황을 고려하여 급여 인상분을 낮은 직급 직원과 처음 맡은 업무를 큰 실수 없이 수행한 직원에게 좀 더 배분할 수도 있다. 반면에 올 중간쯤 다른 부서에서 배치 전환된 경우라면 업무성과를 드러내기에 시간이 부족했으므로 평균적인 수준을 배정할 수도 있다.

또한, 최근 2~3년간 성과가 미흡한 직원이 있었다면 해당 직원은 급여 인상이 없을 수도 있다. 하지만 올해 특별히 큰 성과를 낸 직원이라면 파격적인 급여 인상을 배정할 수도 있을 것이다. 이 모든 판단은 인사부서가 제시한 가이드라인 안에서 직원들의 세부적인 업무 상황을 고려하여 조직관리자가 재량범위 내에서 실행할 수 있다. 이 과정에서 조직관리자는 개별 직원에게 인재육성위원회의 결과를 피드백하면서 급여 인상 결과를 통보하고, 팀원들의 만족도를 관리한다. 이것이 가장 효과적인 임금인상 방법이라고 할 수 있을 것이다.

이렇듯 보상배분 시스템을 운영하기 위해서 조직관리자가 특별한 훈련을 받아야 하는 건 아니다. 두어 차례 모의실험 정도면 충분하다. 조직관리자가 각 구성원의 성과와 급여 차등에 관한 몇 가지 시나리오를 회사에 제시하고, 여러 상황에 걸맞은 급여 결정을 스스로 하면 된다. 이후, 조직관리자의 토론 세션을 통해 어떤 이유로 그러한 급여 결정을 내렸는지를 논의할 수 있다. 이러한 과정에서 조직관리자는 급여 결정의 포인트는 어떤 것들이 있는지, 회사가 어떤 방식의 급여 결정을 요구하는지를 학습할 수 있다. 이 훈련은 최소 두 차례 반복해 조직관리자에게 자신감을 키워주는 것이 좋다.

조직관리자에게 보상 권한을 부여하면 스스로 매우 신중하게 판단한다. 보상 결과에 대한 책임이 자신에게 있다는 사실을 잘 알기 때문이다. 절대로 친소관계에 따라 오남용하지 않는다. 오히려 조직관리자 재량의 보상시스템을 적용하면 조직관리자들이 효과적이고 효율적인 조직관리를 위한 무기가 될 수 있다. 일반적으로 제도 도입 초기는 조직관리자가 직원의 성과 차이에 따라 보상을 차등 배분하는 것에 부담을 느껴 차등의 폭이 작게 나타난다. 하지만 한두 번의 경험이 쌓이면 조직관리자는 보상 권한에 자신만의 색깔을 만들어 낸다.

조직성과급제도를 운영하는 회사가 있다면, 정해진 조직 단위평가 결과에 따라 조직별 성과급 재원을 확정한다. 그 이후 프로세스는 급여 인상 재원을 배분하는 방식과 동일하게 관리할 수 있다. 다만, 조직성과 측면에서 팀원 전체에게 일정 금액을 공통으로 배분하는 방식은 조직 여건에 따라 고려해볼 수 있다.

인사부서는 급여 인상 프로세스 관리에서 약간의 특별예산을 편성·활용하는 것이 필요하다. 이러한 특별예산은 임원급 사업부장이나 CEO를 위한 예산이다. 조직별로 인건비를 배분하고, 각 팀이 예산 범위 내에서 할당하더라도 조직장으로서는 늘 예산 부족을 느낀다. 직원들에게 더 많이 보상해주고 싶은 것이 팀장의 마음이기 때문이다. (그런 마음이 들지 않는다면 리더로서 자질이 부족하다.) 따라서 사업부 단위에서 보상 결과를 종합 리뷰할 때, 사업부장은 조직 전체를 살피면서 추가로 보상하고 싶은 직원이 있을 수 있다. 인사부서는 이럴 때를 대비해서 약간의 특별예산을 운영할 필요가 있다. 이러한 예산 역시 사업부별로 일괄적으로 배분하는 것이 아니라 조직관리 관점이 아닌 지원 시스템의 관점에서 활용해야 한다. 마찬가지로 CEO 역시 본인 관점에서 특별히 보상해야 할 직원이 있을 수 있기에 인사부서는 특별예산을 준비해야 한다. 이렇듯 조직관리는 정해진 법칙을 따르는 과학이 아니라 상황에 따라 정의해야 하는 예술에 더 가깝다.

3. 육성의 마법 : at Work Log

한국 기업의 관리자들에게 가장 취약한 부분은 직원에 대한 면담 스킬이다. 냉정하게 지적하면, 면담 스킬 부족을 뛰어넘어 직원의 업무성과 피드백 자체의 필요성과 중요성을 전혀 인식하지 못한다. 이런 현상은 조직 내에서 적극적으로 자신을 알리는 문화를 기피하고, 타인에 대해서도 사실 기반한 구체적 언급보다는 일상적·개념적·추상적인 대화를 지향하는 것이 원인이다. 1997년 IMF와 2008년 글로벌 금융위기를 겪으면서 한국의 기업들이 조직혁신을 추구했는데도 여전히 관리자들은 직원의 업무성과 피드백 스킬을 개발하지 않고 그 중요성도 전혀 인식하지 못하고 있다. 매우 심각한 상황이 아닐 수 없다.

기업조직 내 업무는 조직관리자가 직원별로 담당 업무를 할당한다. 업무를 할당받은 직원은 주어진 업무 범위를 시기별로 나누어서 수행한다. 해당 직원은 업무의 진행 상황을 구두나 문서 형태로 조직관리자에게 중간 보고를 하고, 과업이 완성되면 최종 보고를 마친 뒤 업무수행을 종료한다. 이것이 기업조직 내 업무가 이루어지는 과정이다. 그렇다면 이 과정에서 조직관리자의 역할은 무엇일까.

조직관리자는 업무가 진행되는 사이사이 과업의 지침 사항을 전달하고 최종 결과물을 승인한다. 그리고 중간 과정과 종료 이후 과업의 진행 과정과 품질에 피드백을 주고, 해당 직원이 다음 단계 과업을 수행할 때 지침으로 삼을 수 있도록 가이드를 제시할 필요가 있다.

하지만 기업조직 내에서 이루어지는 업무의 실상은 매우 다르다. 대다수 조직관리자는 해당 과업의 결과물에만 신경을 쓰고, 정작

과업을 수행한 직원에게는 무관심하다. 이것이 현재 우리나라 조직의 실정이다. 이렇다 보니, 해당 직원은 자신에게 주어진 과업을 적절히 수행한 것인지, 다음 과제도 이번 수준을 유지하면 되는지, 본인의 애로사항과 지원사항을 어떻게 요청할 것인지 알 수 없다. 이렇듯 직원의 업무성과 피드백이 이뤄지지 않는 한국 기업 내 직원들은 자신을 점검할 기회가 전혀 없으므로 스스로 발전을 이룩해야 한다. 직원 육성은 개인의 자율학습으로 이루어지는 게 결코 아니다. 회사(즉, 조직관리자)가 의도적이고 계획적으로 개입해서 이뤄야 할 사명이다.

그러면 무엇부터 시작해야 하는가. 직원들에게 업무 피드백을 해줄 콘텐츠를 우선하여 생성할 필요가 있다. 직원들이 무엇을 하는지를 알아야 피드백을 줄 수 있기 때문이다. 업무 피드백 내용(콘텐츠)은 누가 만들어 주는 것도, 어디서 갑자기 나타나는 것도 아니다. 조직관리자가 직원들을 관찰하는 데서부터 피드백은 시작된다. 바로, 직원들의 업무 상황을 자세히 관찰하고 기록하는 것으로부터 업무 피드백 콘텐츠가 만들어지는 것이다.

직원들의 업무수행 과정·결과를 관찰한 내용은 주기적으로 온라인 또는 오프라인 방식으로 기록하는 게 좋다. 이러한 관찰 기록을 'at Work Log'이라고 한다. 'at Work Log'에 담긴 기록 내용은 각 직원의 업무 결과뿐 아니라 업무 진행 과정의 장단점은 물론이고 더 좋은 결과를 위한 제언도 포함될 수 있다. 이 기록은 향후 인재

육성위원회가 판단하는 중요한 기초자료이자 직원별 피드백에 활용될 수 있는 자료가 된다.

직원은 'at Work Log'의 구성 방안으로 '1 Line by 1 Week'의 권장 사항에 따라 주 단위로 자신의 업무 상황을 간략히 기록한다. 조직장(팀장)의 경우, '1 Comment by 1 Month'의 필수 요구사항에 따라 월 단위로 직원의 업무 상황을 간략히 기록하여 인재육성위원회의 의사결정과 개인별 피드백에 활용한다.

'at Work Log'의 작성은 평가에서 최근의 효과 recency effect를 최소화하는 데에 도움이 된다. 매년 12월 말에는 한 해를 마무리하는 행사가 많이 진행된다. 방송사에서 실시하는 연예대상이 바로 그것인데, 연예대상 시상식에서 대상을 받은 작품은 대부분 가을에 개봉된 작품이다. 연초에 개봉해 큰 반향을 일으키고 전국적으로 감동을 일게 한 작품도 연예대상에서는 힘을 못 쓰는 이치와 같다.

이는 사람의 인지적 한계로 설명할 수 있는데, 대다수 사람은 먼 과거에 일어난 일은 미미하게 기억하고 최근에 발생한 사건은 명확하게 기억하는 습성이 있다. 따라서 같은 중요성을 지닌 사건이 발생하더라도 먼 과거에 발생한 사건은 쉽사리 떠오르지 않거나 그 중요성이 약하게 판단되는 반면, 최근 발생한 사건은 그 중요성을 상대적으로 크게 지각한다. 이처럼 조직 내에서 유사한 부정적인 사건이 발생했더라도 1월에 발생한 사건보다는 12월에 발생한 사건이 평가에 지대한 영향을 미친다.

이런 시차에 따른 평가 왜곡 현상의 최소화를 위해 조직관리자는 구성원들 행동에 관한 피드백 내용 확보와 정확성을 기하는 측면까지 아우르는 기록에 집중해야 한다. 따라서 조직관리자가 직원의 업무와 관련한 기록을 지속하는 일이 조직관리의 근간이 되는 중요한 행위가 된다. 바로, 직원 육성의 도구인 기록행위가 인재육성위원회를 준비하는 at Work Log이기도 하다.

[표 4-1] **at Work Log 정의**

구분	주체	주요 내용
1 line by 1 week	직원	매주 본인 업무수행의 주요 내용을 두어 줄 정도로 간략하게 기록한다.
1 comment by 1 month	부서장	소속 직원의 월간 업무 내용에 대해서 간략하게 기록(월 1회)한다.

4. 업무 피드백 : 일과 업무 리뷰는 분리되지 않는다

조직은 기본적으로 권한위임의 체계이다. CEO는 그의 업무를 조직관리자들에게 권한위임하고, 조직관리자들은 그들의 업무를 다시 일반 직원들에게 위임하여 조직의 목표를 달성한다. 위임된 권한이 성과향상을 위해 적절히 사용되는지에 대한 점검은 꼭 필요하다. 그동안 이러한 관리 노력을 '평가'라고 불러 왔지만, '평가'라는 단어가 주는 부정적인 뉘앙스와 오용 때문에 '업무 리뷰'로 달리 표현하고자 한다. 직원들의 업무 과정과 결과를 관찰하고, 이를 주기적 기록하는 업무에 수많은 조직관리자가 부담을 느낀다. 조직관리자들은 기본 업무도 많은데 직원별 관찰 결과를 주기적으로 기록하는 일이 추가적인 업무압박으로 다가온다고 주장한다. 하지만 업무의 리뷰는 조직관리자의 기본 사명에 해당한다는 사실을 결코 잊어서는 안 된다.

환자의 병을 치료하는 의사를 예로 들어보자. 의사는 환자를 치료하기 위해 다양한 처방을 한다. 어떤 환자에게는 기존의 치료 방법을 적용하고, 다른 환자에게는 새로운 치료 방법을 적용할 수도 있다. 이는 대부분 의사와 환자의 협의로 결정한다. 일단 병을 치료하는 과정에 돌입하면, 의사는 자신의 치료 방법이 환자의 상태를 호전시키는지 지속해서 점검하고, 이 결과를 바탕으로 기존의 방법을 고수할지, 새로운 방법을 적용할지를 결정한다. 치료 방법의 진단을 토대로 새로운 약물을 부가적으로 처방할 수도, 기존 사용하는 약물을 중단할 수도 있다. 의사는 치료과정의 다양한 평가를 바탕으로 치료 방향을 유지·수정하면서 완치라는 치료의 목적을 달성한다. 치료하는 방법이 환자의 병세에 효과를 보이는지 확인하는 과정은 그 자체로 치료의 과정이지 치료와 별개로 진행되는 게 결코 아니다.

회사 내 업무수행의 과정도 이와 유사하다. 회사의 목표를 달성하기 위해 부서별로 목표를 할당한다. 이 목표를 달성하기 위해 조직관리자는 직원들에게 여러 방법으로 과업을 부여하고, 과업을 부여하는 과정에서 직원들의 요구사항을 반영한다. 일단 업무가 시작되면, 조직관리자는 직원들의 업무추진 과정과 결과에 단계별 업무 리뷰를 병행한다. 이러한 단계별 업무 리뷰로 직원은 그의 업무추진 방식을 개선할 수도 있고 상황에 따라 새로운 목표를 부여받기도 한다. 가끔은 조직관리자의 업무지원으로 직원이 일하는 새로운 방법을 습득하고, 비효율적인 업무추진 과정을 개선하기 위해 스스로 새롭게 도전할 수도 있다. 이렇듯 직원은 업무수행 과정의 단계별 리뷰를 토대로 업무수행 방향을 수정하면서 최종적으로는 부여받은 목표를 달성한다. 구성원이 효과적으로 일하는지에 대한 리뷰 과정이 곧 조직관리자의 핵심적인 기본 업무인 것이지 자신의 업무와 별개로 수행되는 일이 아니다. 따라서 조직관리자에게 업무 리뷰는 곧 그의 과업이라고 할 수 있다.

또한 업무 리뷰는 업무 진행과 궤를 같이하는 병렬적인 프로세스다. 일반적인 기업조직의 업무 리뷰와 다른 상황의 평가 과정이 어떻게 다른지 생각해보자. 예컨대, 학교가 학생을 대상으로 진행하는 평가 과정은 학생의 학업 성취도를 확인하기 위해 학업이 종료된 시점에서 진행한다. 수업을 진행한 이후 학생의 최종적인 이해도를 파악하겠다는 의도이다.

마찬가지로 회사가 진행하는 평가(업무 리뷰)를 업무 과정 중에 점검하지 않고 업무가 종료된 후 시행하는 상황을 가정해보자. 회사가 직원의 일탈행동, 목표 달성 등의 부정적 행위에 관한 점검을 업무 완료 시점에 한다는 것은, 조직의 목표 달성을 고려하지 않을 뿐 아니라 사후적으로 성과 미달성의 책임을 떠맡기려는 속셈이다. 하지만 회사의 목표는 구성원의 성실성과 책임성을 묻기보다는 주어진 재무적/비재무적 성과 달성에 있다. 회사가 성과를 높이려면 각 부서의 조직관리자가 해당 부서의 목표를 달성하고, 이를 위해 직원들의 동기부여를 하는 동시에 성과 달성에 불필요하거나 직원들의 부정적인 행위를 즉각 수정하려는 시도가 필요하다. 따라서 회사의 업무 리뷰(평가)는 업무 진행과 동시적으로 운영해야 할 하나의 프로세스이다.

업무 리뷰의 결과는 구성원의 성과를 등급화하여 승진이나 보상에 반영하려는 것을 목표로 삼지 않는다. 그보다 더 중요한 것은 업무 리뷰 결과를 토대로 구성원의 역량을 높이는 데 있다. 이로써 직원들은 리뷰 결과에 적절한 커뮤니케이션을 덧붙인 조직관리자의 건설적인 조언을 통해 자신의 역량 강화를 경험한다. 이때 업무 리뷰의 결과 피드백은 고성과자/중간성과자/저성과자에 따라 중점을 달리할 필요가 있다.

첫째, 고성과자의 업무 리뷰 피드백은 도전적인 업무를 제시하는 게 핵심이다. 하지만 한국의 기업에서는 고성과자의 피드백이 과업을 더 얹어주는 걸로 오해되곤 한다. 조직관리자가 고성과자를 업무적으로 가장 신뢰하기에 추가적인 업무 부가를 가장 안전한 업무 부여라고 오판할 수 있다. 이런 오판은 고성과자의 동기부여를 저해하는 요인으로 작용한다. 사실, 고성과자는 인재육성위원회의 평가로 상위 직급으로 승진할 대상자이다. 그는 향후, 부서의 책임자로서 미래에 맡을 업무를 앞서 경험하는 자체가 확실한 동기부여이자 상위 직급의 업무를 미리 준비할 기회를 얻는 셈이다.

둘째, 중간성과자의 업무 리뷰 피드백은 객관적인 데이터로 고성과자와의 차이를 인식시켜 그가 지닌 가능성에 대한 조직의 믿음을 전달하는 게 핵심이다. 중간성과자는 자신이 고성과자로 분류되지 않은 것에 불만을 품을 수 있는데, 이는 곧 동기부여의 저하로 이어질 수 있다. 이런 경우 조직관리자의 적극적인 개입(피드백)으로 향후 어떤 노력으로 성과를 높일지에 관한 정보를 제공하고, 향후 고성과자가 되도록 조직에서 적극적으로 지원하겠다고 격려하면 이전보다 높은 동기부여를 끌어낼 수 있다.

셋째, 저성과자의 업무 리뷰 피드백은 객관적인 데이터로 현재 수준에서 다른 직원들의 성취도와 비교하고, 향후 직무능력 향상을 위해 교육훈련을 유도하는 등의 지속적인 조직관리자의 코칭을 제공하는 것이 핵심이다. 이런 경우 저성과자는 '전년도는 10개를 만들어서 저성과자로 분류됐지만, 올해는 20개를 만들었으므로 최소한 저성과자는 아닐 거야!'라는 식으로 기대치를 높일 가능성이 크다. 하지만 관리자가 '전년도 우리 부서원의 평균 생산이 20개였고, 올해 평균 생산은 40개'라는 객관적인 데이터를 제시하면 그 직원은 리뷰 결과에 대한 공정성 시비보다는 자신의 업무역량을 높이는 데 집중할 것이다. 따라서 교육훈련의 참여 의지가 강해져 조직 관리자의 코칭을 적극적으로 받아들일 자세를 취한다.

일과 분리되지 않은 업무 리뷰, 이것이 한국 기업조직의 아킬레스건 가운데 하나이다. 이를 개선하지 않으면 한국 기업조직은 희망이 없다.

제 5 장

글로벌 IT 기업의
매니저 중심 육성형 인사 운영 시스템

제5장

글로벌 IT 기업의
매니저 중심 육성형 인사 운영 시스템

1. 상대평가에 기반한 성과 평가의 폐지 및
육성형 면담 시스템 도입

[사례 1]

독일계 기업용 소프트웨어 제조 및 판매회사인 S사는, 몇 가지 이유로 2018년부터 기존에 시행하던 임직원에 대한 엄정한 상대평가(5단계 평가 등급)와 이에 기반한 승진과 보상의 차등 적용방식을 폐지했다. 현재는 인사관리 방식을 육성형 인사로 전환하여 시행하고 있다. 2018년 이전에는 한국 기업과 마찬가지로 조직을 책임지는 인사관리자 People Manager가 직원들을 평가 등급 5단계 배분율에 따라 평가했다. 그 결과, 직원들은 승진과 보상에서 차등적인 대우를 받았다.

[표 5-1] 기존 5단계 평가 방식 사례

1. 불충분한 성과 (Insufficient Performance)	평가 기간의 업무 목표 및 추진 방법상에 합의된 요구사항을 충족하지 못함
2. 성과향상 (Progressing Performance)	평가 기간의 업무 목표 및 추진 방법상에 합의된 요구사항을 모두 충족하지는 못했으나, 직원이 성과 달성에 필요한 능력, 기술, 경험 등을 보유하지 못했기 때문임
3. 성공적인 성과 (Progressing Performance)	평가 기간의 업무 목표 및 추진 방법상에 합의된 요구사항의 전부 또는 대부분을 충족함
4. 뛰어난 성과 (Progressing Performance)	평가 기간의 업무 목표 및 추진 방법상에 합의된 요구사항을 충족했으며 일부 영역에서는 초과함
5. 탁월한 성과 (Extraordinary Performance)	평가 기간의 업무 목표 및 추진 방법상에 합의된 요구사항을 분명히 초과함

2018년, 이러한 방식에서 탈피하여 인사관리자와 직원 간의 다양한 피드백을 통해 업무 및 성과관리 차원을 넘어서 직원의 육성과 경력 개발을 지원하는 육성형 인사제도를 시행했다. S사는 이러한 육성형 인사를 지원하기 위해 내부 프로세스와 IT시스템을 마련하여 현재까지 운영하고 있다.

S사가 육성형 인사시스템을 도입한 배경은 인사관리자와 직원들이 상대평가에 대해 불만(강제로 하위 등급을 배정한 직원의 반발

에 따른 퇴사)을 제기했기 때문이다. 소프트웨어 산업을 포함한 IT 산업에 따른 인재 유치와 유지 경쟁도 한몫했다고 볼 수 있다. 하지만 진짜 이유는 직원을 바라보는 회사의 관점, 즉 인사 운영의 기본 관점이 변화했기 때문이다. 이는 회사가 직원을 인적자원 Human Resource에서 적극적으로 유치·유지해야 할 인재 Talent로 간주하게 된 것을 의미한다.

S사는 이를 구현하기 위해 S-Talk라는 대화 및 피드백 시스템을 도입하였다. 직원과 인사관리자가 특정한 목적을 갖고 대화하도록 권장한 것이다. S-Talk는 과거의 성과보다는 역량과 성과를 창출하려는 방안 모색에 방점을 찍은 미래지향적 솔루션이다. S-Talk는 직원이나 인사관리자가 필요성을 느끼면 언제든 진행할 수 있다. 정기적인 1:1 면담 방식으로도 실시할 수 있다.

S-Talk의 목표는 조직의 우선순위 및 요구사항에 따라 직원이 자신의 능력을 개발할 수 있는 최상의 환경을 만드는 것이다. 모든 대화 내용을 시스템에 기록하고 관리함으로써 지속적인 모니터링이 가능하다. S-Talk는 직원의 업무 및 역량개발에 영향을 줄 수 있는 중요한 이벤트 Trigger를 진행할 수 있다. 직원의 경력관리 및 역량개발 필요성, 역할 및 업무 관련 사항, 업무의 우선순위, 조직 변경, 업무처리 관행, 일과 삶의 문제, 업무성과에 대한 피드백 등 다양한 주제로 진행할 수 있다. 이렇듯 S-Talk에서 다루는 아젠다는 직원의 성과와 향후 개발에 관계되는 모든 사항을 망라한 것으로 매우

다양한 내용을 다룰 수 있다.

<예시>

- 집에서 돌봐드릴 부모님 때문에 유연근무를 신청하고 싶다.

- 최근에 프로젝트를 마쳤다. 내가 개선해야 할 점을 피드백 받고 싶다.

- 회사의 신규 사업전략을 알게 되었는데, 이것이 우리 팀원들의 목표설정에 어떤 영향을 미치는지 직원들에게 설명하고 싶다.

- 향후 세일즈 부문에서 경력을 쌓고 싶은데 어떠한 기능을 확장해야 하는가?

- 최근 업무상 스트레스를 받는 직원에게 업무 행동에 변화를 주도록 요청했다. 그런데 그 직원이 어떻게 지내는지, 내가 앞으로 어떤 지원을 해야 하는지 알고 싶다.

- 인사관리자 또는 직원이 새로 왔는데 상호 이해 또는 기대사항에 대해 논의하고 싶다.

- 소속된 조직이 최근 개편되었는데, 직원들과 그에 관한 영향을 논의하고 싶다.

- 승진을 포함한 다음 경력목표를 설정하였는데 이를 어떻게 달성할지 인사관리자와 논의하고 싶다.

이러한 인재 육성형 인사관리는 직원들에 대한 신뢰의 관점에서 상대평가 방식을 따르지 않고 절대평가 방식을 적용한다. 늘 그렇지만 절대평가 방식에는 많은 문제 제기가 존재한다. 승진이나 보상 인상 시 인사관리자의 권한을 남용할 수 있다. 인사관리자의 성향 차이(관대화 경향 혹은 엄격한 경향)에 따라 편차가 발생할 수도 있는 것이다. 그런데도 기존 회사들은 육성형 인사를 정착하려면 절대평가 도입이 필요하다고 판단한다. 끝내 육성형 평가 도입은 인사관리자에게 승진과 보상 차별화 권한을 대폭 이양하는 결과를 낳았다. 단, 인사관리자는 예산(승진과 보상 등) 범위 내에서 비용을 집행해야 한다는 원칙을 천명하여 총인건비 상승을 방지했다. 인사관리자가 회사가 제공한 인건비 예산을 초과해 집행할 경우, 인사시스템이 작동하지 않도록 설계하여 상급자와 인사부서의 특별 승인을 얻어야만 추가 프로세스를 진행할 수 있도록 설정한 것이다. 특히 승진의 경우, 인재육성위원회 Talent Round Table의 집단적인 검증 과정 calibration session을 통해 인사관리자의 편향을 제어했다.

이와 같은 변화에도 변하지 않는 사항은 저성과자의 성과향상 프로그램 PIP : Performance Improvement Program 운용이다. 다만, 그 지향점이 기존의 퇴출 방식 exit program에 따라 직원의 성과향상을 지원하는 방식으로 바뀌었을 뿐이다. 즉, 성과향상 프로그램 PIP의 결과에 따라 해고나 중징계를 실행하지 않게 되었다는 것이다.

[사례 2]
미국계 Global IT 기업인 I사는, 2016년부터 기존의 등급평가에 기반한 성과 평가를 중단하고 피드백과 코칭 중심의 운영방식을 도입했다. (일명 체크포인트 Checkpoint라 한다.) 이를 통해 일하는 방

식, 리더십, 그리고 조직문화의 변화를 시도한 것이다. 해당 프로그램을 도입하는 과정에서부터 전세계 전체 임직원들의 피드백을 받고 투표를 통해 체크포인트라는 이름을 선정하였다.

체크포인트는 단순히 성과를 평가하기 위한 도구나 프로세스가 아니다. 직원들의 행동양식을 바꾸는 것이 목표이다. 따라서 등급이라는 '결과'보다는 피드백과 코칭의 '과정'을 중시한다. 이로써 연례 행사였던 평가 행위를 연중 상시 피드백 과정으로 전환되었다. 당연히 고성과자와 저성과자를 구분 짓는 행위도 사라지게 되었다.

주요 피드백 항목은 '비즈니스에서의 성과, 고객의 성공, 협업과 혁신, 그리고 역량/스킬'이다. 인사관리자는 이 다섯 가지 영역에 대해 수치 또는 등급을 책정하지 않는다. 이를 한 개의 등급으로 산정하지 않는 대신 다섯 개의 항목을 종합적으로 참고하여 균형 잡힌 코칭 자료로 활용한다. 직원들에게 일부 항목에 대해 개발·보완이 필요하다는 피드백을 줄 수도 있다. 하지만 피드백이 해당 직원이 저성과자라는 것을 의미하지는 않는다.

피드백과 코칭은 인사관리자에게만 의존하지 않는다는 것이 특징이다. 피드백의 주체를 부서나 직급에 상관없이 360도로 확대해 직속 인사관리자가 놓치는 문제점을 보완했다. 특히, 고객을 대면하는 일이 많은 I사 직원들은 고객사나 모바일 근무지와 같은 유연한 환경에서 일하기 때문에 360도 피드백의 역할이 매우 중요하다.

기존의 성과 평가와 달리 체크포인트는 직원의 연간 목표를 관리하지 않는다. 다만, 단기 목표로 세분화하여 피드백 및 코칭을 권장한다. 일 년에 한 번 세운 목표는 끊임없이 변화하는 비즈니스 환경을 반영하지 못한다. 목표를 단기로 세분화하면, 시장과 비즈니스 환경이 변할 때 목표를 곧바로 수정할 수 있다. 단기 목표에 따라 직원이 가는 방향을 쉽게 점검할 수도 있다. 또한, 직원 자신도 피드백을 무리가 없이 수용할 수 있게 된다. 이렇듯 지속적인 피드백은 모두에게 성장의 기회를 준다. 고성과자는 역량을 더욱 성장시킬 수 있고, 저성과자는 부족한 점을 인지하여 역량을 끌어올릴 수 있다.

I사는 클라우드 및 모바일 기반의 ACE Appreciation-Coaching-Evaluation라는 애플리케이션을 도입하여 실시간 피드백을 한다. 여기 사례에서 중요한 것은 등급평가를 없앤 것도, 실시간 피드백하는 것도 아니다. 인사관리자와 직원 간의 소통과 피드백을 조직문화의 하나로 체화하면서 육성 중심의 인사제도를 추구한다는 것이 핵심이다.

2. 현장 중심의 육성형 인사를 위한 제도들 (Tool)

S사나 I사의 육성형 인사시스템의 근간은, 인사부서에서 개별 직원의 채용, 평가와 보상 및 승진, 이동 및 전환배치, 경력관리 등을 결정하지 않는다는 점이다. 인사부서는 제반 인사 관련 행위에 대한 기준과 절차 Rules & Process를 제공하면서 해당 직원 및 현장의 인사관리자에게 대부분의 책임과 권한을 위양하고 있다. 이는 직원과 자신이 소속된 조직의 인사관리자가 제반 인사 및 조직 관련된 행위의 주체자로 경영환경에 가장 정통하고 바람직한 결정을 할 수 있다는 믿음에 기초한다.

1) 성과목표와 자기 계발목표(Development Goal)

대부분 기업이 연초 사업전략에 기초한 경영계획을 하부 이양 Top Down 또는 상부 보고 Bottom Up 방식을 통해 조직 내 구성원에게 전파한다. 연중에 달성할 성과목표와 그에 연동된 핵심성과지표 KPI를 설정하고 특정 시점(상하반기 또는 연말)에 평가하는 관행이다. 대부분 기업은 직원 개인의 경력관리와 자기 계발에 관한 목표 Development Goal를 설정하고 구체적인 방안(교육 또는 직무변경이나 승진을 통한 자기 경력 개발 방안)을 모색하는 것을 제도화하지 않는다. 하지만 S사나 I사는 이를 제도화하여 육성의 기초로 삼는다. (I사의 경우, 이러한 목표설정 및 피드백을 연중 수시로 설정 또는 피드백한다.)

자기 계발 목표는 어떠한 경력을 추구하는지, 현재 어떠한 역량이나 경력이 더 필요한지, 이를 위해 어떠한 조치(교육/업무 전환 및 확장/전환배치 및 승진 등)를 희망하는지를 인사관리자와 협의하여 확정한다. 이에 따라 인사관리자는 S-Talk 또는 Checkpoint 등의 제도를 활용하여 상시로 직원과 면담하거나 피드백 또는 코칭을 한다. 이러한 과정을 통해 해당 계획의 실행 여부, 조정 및 성취과정 등을 인사시스템에 기록하고 기타 평가/보상 및 승진 등 제반 인사행위에 반영한다.

2) 인사주간 (People Week) 및
자기 계발 휴가(Learning Leave)

인사부서는 단위조직에 이양한 권한과 책임이 제대로 실행되는지를 지속해서 관찰해야 한다. 미진한 부분이 발견되면 특정 인사주간 People Week을 설정하여 인사관리자와 직원들의 올바른 행동을 촉구할 필요가 있다. 이렇듯 인사부서는 People Week를 통해 인사관리자와 직원이 연초에 설정한 자기 계발 목표를 점검하고 후속 조치를 논하도록 주의를 환기할 수 있다. 또한 인사부서는 자체 이벤트를 통해 글로벌 직급구조 Global Job Architect 및 이에 연동된 직무 역량과 교육프로그램 등을 소개할 수도 있다. 승진과 경력 개발을 위한 이동 경로에 맞게 재교육하거나 우수사례 Best Practice 등을 소개하거나 전파하기 위해 노력한다.

직원의 경력 개발 및 자기 계발은 해당 직원이 처한 상황(부서 및 동료와 상사들과의 관계, 업무 특성에 따른 요구역량의 수준 및 정합도)에 따라 다를 수 있다. 따라서 국내의 기존 기업들처럼 일률적인 교육프로그램을 제공하거나 강제해서는 안 된다. (교육 학점 또는 교육 이수 제도 등) 모든 직원에게 자기 계발 휴가 Learning Week를 제공하여 조직의 눈치를 보지 않고 필요한 역량을 배양할 수 있는 기반을 제공할 필요가 있다. 이때 해당 제도를 활용하는 것은 직원의 선택이지만 인사관리자가 지원·승인하지 않으면 무용지물이 된다. 그래서 인사부서가 인사 주간 people Week을 통해 제도를 안내·홍보할 필요가 있다.

3) 인재육성회의(Talent Round Table)

S사와 I사의 인사부서는, 현장 인사관리자에게 개별 직원에 대한 채용과 이동, 평가와 보상 등 제반 인사관리 권한과 책임을 부여한다. 하지만 부문 또는 전사적 단위의 인재풀 Talent Pool을 횡적/종적으로 관리 Horizontal & Holistic Management하여 부서 간 장벽을 넘어 전사적 차원의 인재풀을 조율하고 종합한다. 회사의 미래를 짊어질 젊은 리더 발굴이나 단위 부서에서 해결하기 어려운 인재풀에 관한 문제 등이 그것이다. 인재풀의 다양성과 포용성 Diversity & Inclusion 등을 중점적으로 다루기 위해 전사적 차원에서 인재 관리 위원회 Talent Management Committee를 운영하는데, 이를 근간으로 이뤄지는 것이 인재육성회의 Talent Round Table 이다.

인재육성회의 Talent Round Table는 대부분 인사주간 People Week을

마친 뒤 시행한다. 개별 직원들과의 면담과 피드백을 통해 팀원들의 현재 성과, 역량 수준, 향후 경력 개발 경로 등을 확인한 상태에서 이루어진다. 인사관리자들은 팀원 전체에 대한 인재풀을 대상으로 차기 리더로 개발할 인재(S사의 경우 Catalyst, I사의 경우 Top Talent로 구분)를 구분한다. 따라서 차상위 조직장(본부장, 부분장)과 동료 인사관리자가 함께 1차 인재육성회의 Talent Round Table를 진행한다.

이 과정에서 해당 조직 내 인사관리자와 상위 조직장이 머리를 맞대고 차기 리더 후보에 대해 토론/비판/수용한다. 이렇게 선정한 인재는 경력관리계획 Next Career Development plan을 설정하게 된다. 현재보다 어려운 과업을 부여하거나, 부서나 보직 이동을 통해 성장 가능성을 검증하여, 그 결과치로 다음 해나 그다음 해의 승진을 논의한다. 더불어 단위조직의 문제 인력에 관한 해결 방안도 모색할 수 있다.

이때 인사부서는 관찰자 Observer 또는 촉진자 Facilitator로 참여하게 된다. 논의 사항에 대한 보완자료 Back Up를 제공하거나, 논의 내용을 다음 해 인력계획에 반영하기 위해서다. 차상위 조직 단위에서 참작할 사항, 즉 조직 전반의 다양성과 포용성 자료(전체 인력구성원 중에서 Catalyst/top Talent Pool이 나이별, 성별, 직급별, 직무 별로 편중되지 않았는지 확인 또는 조언)를 제공한다. 이전 인재육성회의 결과가 제대로 이행되었는지도 제공하고, 문제 인력에 대한 개선방안 도출에도 직접 관여한다.

모든 부문/본부 단위의 인재육성회의가 종료되면, 그 결과는 전사적 인재육성회의에 반영한다. 전사적 인재육성회의는 반기 또는 연 1회 실시한다. 조직개편을 앞둔 직전 분기는 하반기에 집중적으로 실시하는데, 해당 내용은 다음 해 조직개편에 반영한다. 전사적 인재육성회의도 부문/본부와 비슷하게 운영된다. 하지만 두 가지 추가 논의 사항이 존재한다.

첫째, 부문/본부장급에 대한 후계자그룹 Successor Pool에 대한 논의이다. 후계자그룹은 다년간 누적된 성과와 역량을 근거로 2차 인사관리자 이상의 조직(부문/본부)에 대한 후계자를 설정한다. 이때 해당 조직에서는 후보를 선발하지는 않는다. 또한 다른 부문/본부의 조직장뿐 아니라 인재풀도 외부에서 찾는다. 후계자그룹의 경우, 대체 가능성을 기준으로 즉시 Ready Now, 중기 Mid Term, 장기 Long Term 후보로 구분한다. 장기적 후보군에는 젊은 리더 Young Talent를 포함한 파격적인 후보를 물색하도록 요구한다. 이때 인사부서는 다양성과 포용성을 중심으로 균형 잡힌 인재육성회의가 되도록 조언한다.

둘째, 전사적 인재육성위원회에서 다루는 아젠다는 부문/본부 단위에서 보유하는 리더십에 대한 공석 Open Position, 경력관리/개발을 위한 인재 이동 Open Talent을 논의한다. 부문/본부장은 인사 및 조직에 관한 더 큰 권한과 책임을 지닌다. 해당 본부 내 공석이나 경력 개발을 위해 타 부분/본부 경험이 필요한 인재풀을 논의하는 자리로 활용한다. 더러 해당 부문/본부에 공석이 발생하면, 언제 어떤 자리가 열리는지, 여기에 필요한 경력이나 자질은 무엇인지를 공유한다. 역으로, 해당 부문/본부에서 충실히 경력을 쌓은 경우, 조직 내에서 더는 개발이 어려울 때 타 부문/본부 경험이 필요할 시 전사적 업무에 적합한 인재를 추천할 수 있다.

전자의 경우, 타 부문/본부장의 추천을 받아 즉석에서 배치를 결정할 수 있으며, 회의를 진행한 뒤 인사부서와 조율해서 결정할 수도 있다. 이동인재풀 Open Talent Pool에 대해서도 수용 가능한 부문/본부가 있다면 즉시 합의할 수 있다. 이런 경우가 아니라면 인사부서와 조율해서 다음 해 인사 이동에 반영할 수 있다.

3. 직무 중심의 직급 체계와 보상관리

수많은 한국 기업이 여전히 직무보다는 채용, 승진, 보상 등에서 속인적 인사제도를 운용하고 있다. 하지만 점차 많은 기업이 직무 중심의 인사시스템으로 전환하고 있다. S사나 I사는 일찍부터 외국계 기업처럼 직무 중심의 인사제도를 운용하는데, 직무 중심의 직급 체계는 모든 국가가 적용한다. 이로써 해당 국가의 시장 임금을 반영한 보상체계는 채용과 경력 개발 등 인력 운영 전반에 적용된다.

직원의 직급 체계는 직무 가치(=연봉 Target Annual Salaries)를 기반으로 한다. 회사 내 동등한 처우를 적용하기 위해 개별 직무와 역할에 대한 인력 시장 내 상대적 가치를 측정하여 적용한다. 임금 경쟁력을 유지하기 위해 개별 직무의 시장 가치를 고려하며 직원의 성과를 기반으로 차별적으로 운영한다.

이러한 직무 가치 체계에 기초한 연봉체계는 매우 단순하다. 기본급을 12개월로 나누어 지급하고(고정급) 그 외 회사나 부문의 성과를 반영한 성과급 재원 Target Bonus Pool을 각 임직원의 성과목표 대비 달성도에 따라 인사관리자의 재량으로 차등 지급한다. (변동급, 연 1회 지급)

S사와 I사의 직급 체계는 글로벌 직무설계기준 Global Job Architecture을 기반으로 구축되었다. 이는 세계적으로 통용되는 공식적인 직무 정의 Job Description를 통해 구체화한다. 글로벌 직무 정의는 해당 직무에 대한 상세 내용뿐 아니라, 어느 직무군 Job Family에 속하는지, 어떤 수준의 역량이 요구되는지, 향후 직무 경로를 어떻게 확대할 수 있는지에 관한 설명으로 구성된다.

직급 체계는 크게 7개의 직무군 Salary Structure으로 나뉜다. 각 직무군은 5개의 직무등급 Salary Grade과 해당 직무등급 내의 3개의 급여 수준 Salary Level으로 구성된다. 따라서 하나의 직무군은 총 15개(5개 직무등급×3개 급여 수준)의 다른 직무난이도와 급여등급으로 구분한다.

특정 직무별로의 직무/급여등급 Salary Grade & Level이 정해지면, 이에 따라 개인별 급여 수준이 결정된다. 그 기준값은 매년 변동되므로 신뢰할 만한 외부 급여조사업체를 통해 수집한 해당 국가/시장의 임금수준에 기반하여 조정한다.

특정 직무의 직무/급여등급이 결정되면, 급여등급의 최대/최저치를 확정한 급여 구간 Salary Range이 산출된다. 개별 직원의 급여는 해당 직무/급여등급 내 최대치 Max와 최저치 Min 사이에 분포한다. 인사부서는 중윗값 Mid을 중심으로 직원들의 급여 분포가 관리되도록 권장한다.

특정 직무/급여등급 내에서 개인별 급여 수준은, 해당 급여구간에서 본인의 급여 수준의 위치를 중윗값 대비 수치 Comparison Ratio를 통해 해당 직원에게 공지된다. 해당 직무/급여 등급상의 급여구간에서 중윗값을 100으로 표기하고 이보다 10% 상위에 있다면 Compa=110, 하위 10%에 있다면 Compa=90으로 개인별 공지하여, 동일 직무 내 본인의 급여 수준을 확인할 수 있다. 이에 따라 직원은 향후 본인의 성과를 참작하여 인사관리자와의 대화를 통해 급여 수준의 향상을 논의할 수 있다.

급여구조 Pay Mix는 총 현금 보상 Total Target Cash 항목에서 고정급 Annual Base Salary과 변동급 Variable Pay or Target Bonus의 백분율을 의미한다. Pay Mix 20%라면 총 보상 중에서 변동급 비중이 20%라는 의미다. 이는 직무군 또는 직무등급에 따라 각각 상이하다. 영업직군의 직무등급이 T5인 경우, Pay Mix가 50%이고, 공통 직무군의 경우 Pay Mix는 20%로 직무군별 특성에 따라서 상이하게 적용된다.

직무 중심의 인사제도는 직원을 신규 채용하는 인사관리자(채용 프로세스 담당자인 Recruiter가 아니다. 실제 인원을 충원하려는 인사관리자, 즉 Hiring Manager)가 직무기술서가 요구하는 역량/경험을 기반으로 후보자를 평가/면접하여 채용 여부 및 직무/급여 등급을 확정한다. (인사부서의 직접적인 관여는 없다.)

또한 직원의 승진 경우는, 직급별 정원과 총인건비 내에서 직원의 직무 역량과 그동안의 성과를 종합적으로 고려하여 최종 의사 결정을 한다. (조직책임자를 임명하는 경우를 제외하고, 인사부서는 별도 개인별 승진 심사를 하지 않는다.)

이동 또는 배치 전환되는 직원은, 신규 직무의 직무/급여등급, 급여구조, 급여 수준을 고려하여 결정한다. 가능한 신규 직무의 가이드라인을 따르되, 현격한 차이가 있는 경우 5% 범위로 조정이 가능하다. 즉, 새로운 직무의 급여 수준과 급여구조에 최대한 맞추도록 가이드한다.

직원 개인의 급여 수준 결정은 인사관리자의 권한이다. 예산 범위 내에서 개인의 성과와 직무 역량을 고려하여 인사관리자가 직접 의사결정을 한다. 이때 인사부서는 전반적인 프로세스와 가이드라인을 제공하는 수준에서 지원한다. 인사부서는 적정한 급여 수준 Salary Range을 벗어나는 이탈자 Outliers에 대해 원인을 파악하고 인사관리자에게 조언하는 수준에서 관여한다. 성과급 역시, 부서의 예산 범위 내에서 조직성과와 개인 기여도를 고려하여 인사관리자가 최종결정한 뒤 직원들과의 면담을 통해 알린다. 인사부서와 재무부서는 총액과 가이드라인 범위 내에서 운영하는지를 모니터하고, 이상이 있는 경우에만 관여한다.

4. 인사관리자의 보상결정권과 지원 시스템

S사나 I사의 직원 보상에 관한 의사결정은, 급여인상률과 상여 지급액 결정 그리고 승진 결정에 대한 권한을 인사관리자에게 위임한다. 인사관리자가 인사부서에서 제시한 가이드라인에 따라 주어진 예산을 집행한다면 특별한 이슈가 없는 한 실행토록 한다.

직원 개개인의 연봉 수준 책정은, 통상 매년 1분기에 이루어진다. 인사부서는 시장조사 결과에 따른 인상률과 총 재원을 재무부서와 협의하여 확정한다. 그리고 확정된 임금 인상률은 인사 정보 시스템을 통해 인사관리자에게 공지한다. 그러면 인사관리자는 공지 받은 부서의 예산 총액 범위 내에서 직원별 성과와 기여도를 참작하여 최종적으로 개인별 기본급 인상 Annual Base Salary Increase과 성과급 배분 Target Bonus Allocation을 결정한다. 그리고 필요에 따라 승진자를 결정할 수도 있다. 승진의 재원은 총인건비의 일정 부분(대략 0.5% 정도)으로 제한되며 어떤 직원에게 적용할지는 인사관리자가 직원의 경력 개발과 성장 정도를 고려하여 결정한다. 이 과정에서 직원은 인사관리자에게 자신의 성취도와 역량향상 정도를 적극적으로 어필할 수 있다.

직원 개개인은 본인이 속한 직군 내에서 직무등급과 급여 수준을 시장 임금과 비교하여 임금 경쟁력을 확보하였는지를 확인할 수 있다. 해당 연도 기간에 인사관리자와 지속적인 면담을 통해 성과 달성 수준을 확인하였으므로 완전한 만족은 아닐지라도 큰 마찰 없이 새로운 급여 수준과 성과급 지급에 동의할 수 있다.

제 6 장

한국기업의
성과주의 도입과 전파 20년

제6장

한국기업의
성과주의 도입과 전파 20년[1]

1. 한국기업의 인사관리와 성과주의

성과주의는 생산성 향상과 영업이익 등 기업의 최종적인 활동 결과에 경영의 초점을 두는 경영이념 혹은 관리방식이다. 기업에서의 성과주의는 인사관리 분야에 주로 적용되며, 구성원 개개인을 각자가 산출한 성과를 중심으로 관리하는 것을 원칙으로 한다.

90년대 후반 이후, 대기업 조직 내 인력구성의 고령화 경향과 그에 따른 인사 적체 현상이 대두하기 시작했다. 이에 대응하고자 전

---

[1] 이 글은 'HR 성과주의 약인가 돈인가' (최장호 등, 효일문화사) 중 제 1장의 요약 발췌문임.

반적인 인사관리 체계의 유연성을 위한 변화의 필요성이 제기되었다. 기업들은 내부노동시장에서 구성원 관리의 정당성 확보 및 구성원들의 자발적인 몰입과 헌신을 유도함으로써 조직 운영의 효율성을 도모하고자 새로운 인사체계를 구상했다. 이것이 '신인사제도'라는 이름으로 많은 기업이 도입하기 시작했다.

신인사제도와 이전의 주류 인사제도의 큰 차이점은 성과주의이다. 기존 인사제도는 기본적으로 연공 서열주의를 근간으로 삼았다. 개개인의 성과나 능력보다는 직장 내에서의 근속연수가 승진과 보상을 결정하는 우선 요소였다. 당시 연공 서열주의는 한국 문화 속에서 나름의 근거가 있다고 판단했다. 한국의 '집단주의'와 '유교주의' 전통 속에서 연장자에게 혜택을 보장하는 제도에 대중들은 거부감을 표현하지 않았다.

더불어 종신고용이 암묵적으로 보장된 상황에서 구성원들은 시간이 흐르면 자신들도 연공 서열주의 혜택을 받을 거라고 믿었다. 기업도 인사관리의 편의성을 이유로 연공 서열을 의사결정의 근간으로 삼는 데에 반감이 없었다. 연공 서열주의는 나름의 이론적 근거가 있었다. 대표적인 것이 '연공 숙련설'이다. 근속연수가 증가할수록 작업자의 숙련도가 상승하기 때문에 성과 평가가 어려운 상황에서는 오히려 근속연수가 합리적인 성과 평가의 근거로 활용되었다.

이러한 기본적 사고는 1990년대 후반 이후 한국 사회에 불어닥친 경제적 악재로 대폭적인 수정이 요구되었다. 대표적인 이슈가 'IMF 관리체제' 상황이다. IMF 관리체제가 한국 사회에 변화를 끼친 영향력은 실로 대단했는데, 특히 기업 경영 관련 이슈는 인사관리 체계를 전폭적으로 변화시키는 동인 動因으로 작용했다. 물론, 이전에도 개인의 성과 평가와 이를 반영한 인사체계 변화 요구가 지속해서 존재했다. 하지만 한국사회의 전통적인 모습을 근본적으로 바꾸기에는 추동력이 부족했다.

하지만 외부환경의 변화가 급격해지면서 국내기업들은 성장성의 한계를 직감하고 저성장시대에 적합한 새로운 인사관리 체계를 고심했다. 실제 한국의 경제성장률은 1980년대 연 8.6% 수준에서 2000년대는 4.5% 수준으로 감소했다. 80년대 10%에 가까운 경제성장률 하에서 기업들은 지속해서 성장 가도를 달렸는데, 기업이 커가는 상황이라 초과 인력을 보유해도 생존 문제에 아무런 영향을 끼치지 않았다. 숙련인력 공급이 부족한 호황기에서는 숙련인력 이탈로 인한 기업의 손실을 줄이기 위해 기업들은 전략적으로 근속연수에 따른 임금인상과 승진을 인사관리의 근간으로 삼아 그들의 이탈 방지를 위해 노력했다.

한국의 기업들은 2000년대에 들어서면서 성장률이 기존의 50% 정도로 하락하는 사태를 맞이했다. 심각한 경영난으로 최소의 인력확보를 위해 숙련인력에 대한 적절한 배치 운용이 기업의 생존을 결정하는 중요한 요인으로 변화한 것이다. 이로써 기존의 연공서열을 근간으로 삼은 인사 관리제도가 성과주의를 토대로 한 '신인사제도'로 진화했다.

국내기업의 성과주의는 특히 급여 결정 과정에서 주로 나타났다. 성과급제는 근로자가 행한 근로 제공의 성과를 측정해 임금을 산정하여 지급하는 것을 말한다. 성과급제는 기업이 처한 상황과 최고경영자의 의지에 따라 다양한 모습을 보였다. 대다수 기업은 전면적인 성과급 도입을 지양하여 기본급은 연공급으로, 그 외의 일정 부분은 성과급으로 처리하는 보충적인 형태의 성과급제를 시행했다. 이는 기업의 의지와 구성원들의 요구를 동시에 반영하는 모습이었다.

한국 기업의 성과급제 논의는 오래전에 진행됐는데, 최근 정부 차원에서 성과연봉제 도입을 강력히 추진하고 있다. 지난 2013년 대법원은 통상임금 판결 때, 정기적으로 지급되는 상여금도 통상임금에 포함된다고 인정했다. 이후 성과급제에 대한 논의가 활발하게 진행되었다. 이는 합리적이고 공정하게 운영되는 성과급제가 조직구성원의 동기부여에 강력한 촉매로 작용한다는 사고와 기본급 외의 다양한 수당을 최소화하고 기본급의 상당 부분을 성과와 연동시킴으로써 상여금 관련한 논란을 종결하자는 의도에서 출발한 것이다.

하지만 노동계는 성과급제에 관한 태도를 달리했다. 노조 측은 성과주의 인사제도가 인적자원의 효율적인 관리 차원보다 기업 경영의 편법 수단으로 인건비 부담을 낮추려는 의도라고 판단했다. 성과의 정확한 측정을 전제하지 않고는 성과급제도의 도입 또는 성과주의 인사제도의 시도는 무의미하다고 주장하고 있다.

기업은 성과급 제도하에서 자유로이 성과급 지급 방법을 결정한다. 현재 가장 많이 사용되는 방법은 '연봉제'를 통한 지급이지만, 엄밀히 말하면 연봉제는 성과급을 의미하지 않는다. 단순히 책정한 연간 급여를 일정 기간 나누어 지급하는 방식을 연봉제라 칭할 뿐이다. 이렇듯 한국에서는 연봉제를 성과급제와 같은 의미로 통용되고 있다. 연봉제하에서 연간 급여 수준은 전년도의 성과측정 자료를 토대로 결정되는데, 여기에 작업자의 업무 능력 등을 부수적인 판단 근거로 사용한다.

2. 성과주의 인사제도 설계와 운영의 문제

기업 경영자의 상당수는 구성원이 열심히 일하지 않는다는 이유로 불합리한 인사제도를 거론한다. 구성원 간 경쟁을 유도하는 인사제도를 실행할 때 직원들이 더 열심히 일할 것으로 생각한다. 이러한 사고를 바탕으로 수많은 기업이 '성과주의'를 경영의 핵심 내용으로 표방한다. 기업들은 더욱 효과적인 성과주의 인사관리를 위해 금전적 보상을 강조하고 개인 단위의 성과주의 설계를 제시하고 있다. 따라서 아래에서는 성과주의 인사제도의 설계 및 실행에서 주의할 점을 살펴보기로 한다.

과연, 금전적 보상이 구성원의 긍정적 태도와 성과향상을 위한 필요조건인가? 인적자원의 중요성을 설명할 때, 인재 전쟁 war of talents이라는 표현을 자주 사용한다. 인재 전쟁이란, 더욱 능력 있는 구성원을 선발하고 이들의 적극적인 관리를 통해 경쟁우위를 확보할 수 있다는 뜻이 담겨있다.

많은 기업이 인재 전쟁에 뛰어들면서 고능력자인 현재 구성원 또는 미래 구성원에게 더 높은 금전적 보상을 제공해야 한다고 여긴다. 이러한 방법이 능력 수준이 높은 구성원의 유인과 몰입에 영향을 미치고, 이들의 장기적인 유지를 담보할 거로 판단한다. 하지만 금전적 보상의 강조는 구성원들의 단기적 몰입도를 증가시키는 데는 꽤 효과적이지만 장기적인 조직 몰입도를 높이는 데는 효과를 발휘하지 못한다.

인재 전쟁이라는 단어를 만들고 이슈화한 컨설팅 회사는 '맥킨지 McKinsey'이다. 맥킨지는 일반 기업에서 일하는 관리자들의 근속 결정에 지대한 영향을 미치는 요인에 대한 설문 조사를 진행했다. 그 요인으로 열거된 내용은 도전적인 업무(59%), 열정을 보일 수 있는 업무(45%), 직장 내 상사와의 관계(43%), 향후 경력 개발의 기회(37%) 등이다. 반면, 부의 축적(36%)이나 성과를 바탕으로 한 추가적 보상(31%) 등 금전적 보상 관련한 요인은 중요도 측면에서 낮게 나타났다. 설문 조사의 결과는, 구성원들의 조직 내 업무 만족감이나 인간관계 혹은 발전 기회 등 비금전적 요인이 몰입도에 더 큰 영향력을 발휘한다는 사실을 보여준다.

3. 매킨지 조사표

구성원들의 조직에 대한 몰입은 크게 세 가지 형태로 나타난다. 감성적 몰입 affective commitment, 지속적 몰입 continuous commitment, 규범적 몰입 normative commitment이다.

첫째, '감성적 몰입'은 몸담고 일하는 조직에 대한 긍정적인 정서이다. 조직 내 타인과 좋은 관계를 형성하여 현재의 조직에서 오랫동안 일하려는 구성원들이 지닌 태도이다. 둘째, '지속적 몰입'은 당장 직장을 떠나 다른 회사에서 일하는 것보다 현재 직장이 경제적 효익에 유리하다고 판단하여 오랫동안 근무하려는 태도이다. 셋째, '규범적 몰입'은 현재 직장에서 열심히 일해야만 하는 당위적 이유가 있어 보이는 구성원들의 긍정적 태도이다.

여기서 성과주의 인사관리를 지나치게 '지속적 몰입' 차원으로 접근할 때 따르는 문제점을 생각해 볼 수 있다. 금전적 자극만으로 유능한 구성원을 선발하고 유지하는 데는 한계가 따른다. 근속 결정에 '도전적 업무, 직장 내 좋은 관계, 향후 경력 개발의 기회' 등이 더 큰 영향력을 발휘한다는 맥킨지의 설문 조사로 볼 때, 지속적 몰입보다는 감성적 혹은 규범적 몰입이 더 효과적일 수 있다.

조직구성원의 직무에 대한 만족도를 결정하는 요인도 금전적 요인이 절대적이라고만 할 수 없다. 직원들의 직무만족도는 임금에 대한 만족, 승진에 대한 만족, 상사에 대한 만족, 동료에 대한 만족, 일 그 자체에 대한 만족으로 구성할 수 있다. 연구에 따르면, 직무만족도에 가장 큰 영향력을 보이는 것은 '급여에 대한 만족'이 아니라 '일 그 자체에 대한 만족'이다. 오히려 '급여에 대한 만족'은 직무만족도에서 가장 낮은 영향력을 보였다. 또한 금전적 동기부여의 효과는 단기적으로 나타나는데, 그 이유는 급여 수준을 높여주더라도 머지않아 인상된 급여에 익숙해지기 때문이다.

단기간 내 급속도로 성장한 벤처기업의 사례도 마찬가지다. 해당 조직에서 일하는 직원들이 열정적으로 일하는 모습을 보여준 이유가 금전적 요인 때문은 아니었다. 예를 들어 Apple의 초창기 구성원들이 더 많은 금전적 보상을 바라고 일주일에 90시간 이상을 일한 것이 아니다. 자신들이 하는 일 그 자체에 만족했고, 업무 과정에서 성취감을 맛보고, 타인으로부터 인정받고, 자신들의 비전과 조직의 비전이 일치했기 때문에 자발적으로 초과근무를 한 것이다.

4. 성과주의 인사관리는 관리적 목적인가?

성과주의 인사제도는 거시적인 접근이 필요하다. 성과주의 인사제도를 도입했거나 도입계획이 있는 기업들은 대부분 보상시스템의 변화를 통해 개개인의 성과향상을 도모하는데, 이것 이상의 확대된 관점을 보이는 경우는 매우 드물다. 이는 성과측정 혹은 성과 평가와 관련한 내용으로 성과 평가 목적은 크게 세 가지로 나눌 수 있다. 관리적 목적 administrative purpose, 전략적 목적 strategic purpose, 개발 목적 developmental purpose이다.

첫째, '관리적 목적'은 성과 평가를 통해 얻은 성과 관련 인사자료를 토대로 급여 결정 혹은 승진 결정에 활용하는 측면이다. 둘째, '전략적 목적'은 성과 평가를 통하여 개개인의 활동을 조직의 목표 달성에 부합하도록 유도하는 측면이다. 셋째, '개발 목적'은 개개인의 성과 평가 정보를 바탕으로 고성과자의 역량개발과 저성과자에 대한 차별적 교육프로그램을 설계하는 측면이다.

대다수 기업이 성과주의 인사관리를 성과 평가의 관리적 목적에만 연관 지어 생각하는 경우가 많다. 특히, 관리적 목적 중에도 급여의 산정에만 국한하여 적용하는 경우가 대부분이다. 따라서 '성과주의 인사관리 = 성과급 도입'이라는 공식이 성립된다. 하지만 성과관리 인사제도의 도입을 거시적으로 바라보면, 기업 차원의 성과 향상 또는 기업 차원의 효과성 향상이 궁극적인 목표가 되어야 하는데, 이를 '전략적 목표'의 중요성으로 설명할 수 있다.

조직 전체의 목표는 그보다 작은 목표로 나뉘어 조직 각 부문의 역할에 따라 분배된다. 각 부문에 전달된 목표는 더욱 세분화한 목표로 나뉘어 각 팀에 전달되고, 각 팀에 전달된 목표는 조금 더 세분화·명확화되어 개개인에게 할당된다. 이러한 과정을 케스케이딩 cascading이라고 한다. 따라서 이론적으로는 모든 개개인이 그에게 할당된 목표를 달성할 때 조직은 전체의 목표를 어려움 없이 달성한다. 개인이 목표를 어떻게 설정하는지에 따라 기업의 목표 달성 여부가 결정되므로, 기업의 전략과 목표를 어떻게 효과적으로 케스케이딩하여 개개인의 목표로 설정할지가 성과주의 인사제도의 첫 단계가 되어야 한다.

구성원의 관리는 '행위와 결과'에 대한 관리로 나누어 생각할 수 있다. 상당수 기업이 성과주의 인사관리를 성과에 기초한 구성원의 급여 결정의 시각으로 바라보는데, 이는 결과에 대한 관리로 기업의 성과를 높이려는 접근법이다. 하지만 보다 적극적인 관리는, 결과 이전의 행위에 대한 관리이다. 결과에 대한 관리는 결과를 보이기 전까지는 조직의 적극적인 대응이 미치지 못한다는 점에서 상대적인 약점이 있다. 따라서 행위의 관리, 즉 개개인의 목표설정을 지금보다 명확히 하고 중간중간 피드백하는 과정이 중요한 관리 요소가 된다. 목표를 달성하기 위해 개개인이 기울이는 노력의 양적 측면이 보다 중요하다. 이와 더불어 노력의 방향도 간과할 수 없는 요소다. 아무리 능력 있고 동기부여가 충분한 구성원일지라도 그가 보이는 노력의 방향이 조직의 목표와 괴리가 있다면, 조직 차원에서의 효과성을 기대할 수 없다. 이런 이유로, 효과적인 인사관리의 출발점은 조직 전체의 목표를 바탕으로 한 명확한 개인의 목표설정이다.

다음으로는 '개발 목표'의 중요성이다. 개발 목표는 성과 평가를 바탕으로 고성과자들이 향후 맡을 업무와 저성과자들이 현재 담당하는 업무와 관련한 교육훈련 설계를 말한다. 조직의 성과는 개인 성과의 총합으로 나타나고, 개인의 성과는 직무에 대한 동기부여와 직무수행 관련한 능력의 함수로 나타난다.

교육훈련을 통한 구성원 능력개발의 중요성은 여러 사례로 설명된다. 미국의 유명한 남성 의류업체 Men's Warehouse는 5년 동안 매출이 연평균 26% 증가하고 당기 순이익은 29% 증가하는 엄청난 성과를 낸 이유를 구성원들의 교육훈련으로 판단한다. 이러한 성공 사례에 관한 Men's Warehouse의 흥미로운 주장은, 개인의 성과에 따른 차별적인 보상시스템이나 승진시스템을 지양한다는 것이다. 성과주의 보상시스템을 적용하지 않고 교육훈련을 강조하여 기업의 지속적인 성과를 이룬 기업의 사례는 많은 생각을 하게 만든다.

성과주의 인사관리는 교육훈련의 정교화와 결부되어 수행해야 한다. 성과 평가를 시행할 때 개개인의 장단점을 파악할 수 있고, 이를 바탕으로 교육훈련이 설계된다. 고성과자들은 향후 담당할 업무 능력을 갖출 수 있는 교육훈련에 참여함으로써 자기 성장에 대한 기대감과 현재 기업에 대한 몰입감을 높여준다. 이를 바탕으로 고성과자는 향후 지속해서 높은 성과를 담보할 수 있게 되는 것이다. 상대적 저성과자들은 단기간 내 중간성과자 이상의 성과를 보이도록 약점을 보완하는 교육훈련 설계가 필요하다. 이는 향후 '저성과자 일반해고' 이슈와 긴밀히 연계되어 있다.

조직의 성과를 높이고 경쟁에서 우위를 점하려면 역량이 강한 구성원을 배출할 수 있는 인사관리 시스템을 갖출 필요가 있다. 구성원들의 보상 차별화에 따른 인센티브만으로 달성할 수 있는 것이 아니기 때문이다. 따라서 기업들은 성과주의 인사관리의 중점사항인 성과급제도의 실행 차원에서 탈피해 거시적 관점에 따른 전략적·개발적 목적 차원으로의 접근이 필요하다.

5. 개인 차원의 성과주의가 최선인가?

성과주의 인사제도를 성공적으로 정착시키려면 인사관리 담당자가 기업문화나 환경요소 등을 고려해 당 회사만의 인사제도를 설계할 필요가 있다. 특히 성과주의 인사제도는 구성원이 가장 중시하는 임금 결정과 승진 결정을 전제로 이뤄지므로 설계에 깊은 고민이 필요하다. 고성과자가 더 많은 금전적 이익을 받고, 저성과자가 확연히 덜 받는 제도는 이론상으로는 일견 타당해 보인다. 그렇지만 항상 그러는지 생각해볼 일이다.

집단주의 또는 구성원 간 '확대된 가족' 개념을 가진 기업이 개인성과를 중시하는 새로운 시스템을 도입한다면 어떨지 상상해보자. 구성원 간 알력과 반발로 기업 고유의 정체성을 잃지 않을까. 반대로 개인주의 문화를 바탕으로 운영되는 기업이 집단성과를 중시하는 제도를 도입한다면 또 어떨지 떠올려보자. 현재 구성원들은 자신의 노력이 조직으로부터 충분히 보상받지 못한다고 여기지 않을까. 두 가지 예시 모두, 구성원의 동기부여가 저하되고 생산성에서도 저하가 발생할 수 있을 것이다. 과업은 개개인의 독립된 노력보다 구성원 간의 다양한 상호작용으로 이루어진다. 이 과정에서 생성되는 시너지가 기업의 핵심역량이라면, 개인 위주의 성과관리 시스템은 기업 성과에 부정적으로 작용할 수 있다.

미국 내 최대 자동차 유리 기업 Safelite Auto Glass의 사례를 예로 들어보자. Safelite는 1987년 250개 매장에서 1989년 550개 매장으로 기업을 성장시켰다. 이후 1990년대 초부터는 모바일(mobile) 서비스, 즉 찾아가는 서비스에 역점을 두었다. 이전엔 자동차 앞 유리에 문제가 생기면 고객이 Safelite 지점을 찾아 서비스를 받았지만, 90년대 이후는 Safelite의 기술자가 고객을 방문해 서비스를 제공했다. 모바일 서비스에 고객들이 환호하면서 매장 기반 서비스 수요는 점차 감소했다.

모바일 서비스는 구성원 간의 상호작용으로 업무가 수행된다. 고객이 서비스를 받고자 Safelite의 고객 서비스 담당 부서에 전화를 건다. 담당 부서가 고객의 필요정보를 확인하고 필요한 자동차 유리의 규격을 확인한다. 파악한 내용을 컴퓨터 시스템에 입력하면 화면에 서비스 제공 가능 날짜가 표시된다. 준비해야 할 자동차 유리를 창고담당자에게 통보하는 동시에 설치 기술자에게 작업 명령이 하달된다. 설치 기술자는 작업에 필요한 자동차 유리를 공장의 창고에서 받아 고객에게 찾아가 설치 작업을 완료한다.

Safelite의 경영진은 모바일 서비스 실행으로 구성원 관리를 효율적으로 할 수 있다고 믿었다. 기존의 매장 중심 영업의 경우, 일부 매장에만 일이 몰려 해당 구성원이 땀 흘리면서 일하는 동안 타 매장은 유휴인력이 발생할 수도 있다고 판단했기 때문이다. 더불어 설치 작업자의 동기부여를 위해 급여를 성과 평가, 즉 설치한 유리 숫자를 바탕으로 결정하는 인센티브 제도를 시행했다.

하지만 이러한 인센티브 제도에 설치 작업자들이 불만을 토로했다. 설치 작업자들은 이전보다 훨씬 더 적은 급여를 받는다고 주장했다. 실제로 1인당 설치 작업의 숫자는 예상보다 훨씬 적은 일 평균 2.5개 이하였기 때문에 높은 급여를 보장할 수 없었다. 기대에 못 미치는 저생산성은 단순히 설치 작업자가 열심히 하지 않아서 발생했다고 보기 어렵다. 설치 기술자들이 작업을 적절히 수행할 수 없어 저생산성의 결과를 냈던 몇몇 요인들이 존재했다. 첫째, 서비스 담당 부서가 고객의 요구사항을 잘못 파악하였을 때 둘째, 설치 기술자가 잘못된 위치를 전달받았을 때 셋째, 창고에서 정확한 부품을 제공하지 않았을 때 등이다.

위 사례는 업무의 상호의존성이 개인의 생산활동에 제약을 가한 모습이다. 어떤 근로자가 최선을 다하고 싶어도 같이 업무를 수행하거나 이전 단계에서 업무를 수행한 근로자가 실수하거나 태만하다면 어쩔 수 없이 낮은 성과를 보일 수밖에 없다. 이런 경우는 개인의 활동에 바탕을 둔 성과주의의 도입보다는 팀 단위나 작업반 단위의 집단성과 측정에 기반한 성과주의 인사제도를 설계하고 실행하는 것이 바람직하다.

6. 성과주의 인사제도 : 후지쯔(Fujitsu)의 사례

성과주의 인사관리 제도의 도입이 기업 경영에 어떤 영향을 미치는지 실제 사례가 있다. 그중 일본 후지쯔 Fujitsu의 성과주의 인사제도 도입사례를 살펴보자.

일본의 기존 경영시스템은 사실 성과주의와는 대척점에 있었다. 일본식 경영은 구성원을 '확대된 가족'으로 여기고 종신고용을 보장하며 연공제를 바탕으로 인사관리 제도를 운용하였다. 그랬던 일본 기업이 한국 기업과 마찬가지로 80년대 후반 거품경제 붕괴로 급격한 경제환경 변화가 진행되는 상황을 맞았다. 하지만 불행하게도 성과주의의 기본 개념에 관한 이해와 현실을 토대로 한 수정과정을 생략하고 성과주의 인사제도를 도입하기 시작했다.

후지쯔는 일본 기업이 변하지 않으면 안 된다는 위기의식으로 1990년대 초반 성과급을 핵심 이슈로 하는 성과주의 인사제도를 단행했다. 인재를 확보하기 위해 기존에 없던 노력을 기울였는데, 그것이 경력사원 채용이었다. 당시, 연공서열제도가 대세였던 일본 기업에서 경력자 채용은 극히 드물었는데도 우수한 노동력을 확보해야 한다는 판단에서였다. 이후, 경력자 채용 비율이 지속해서 높아지면서 이제 더는 근로자들의 종신고용이 통하지 않는 시대가 도래했음을 깨달았다. 성과주의 인사제도가 근로자들의 경력과 역량을 인정하고 그에 합당한 지위와 급여를 책정하는 시스템으로 환영받으면서 기업의 필요와 근로자의 요구를 동시에 만족시키는 제도로 인식되었다.

후지쯔의 성과주의 인사제도는 '개인 목표관리제도 Management By Objectives'의 형태로 시작됐다. 구성원들은 6개월마다 자신의 목표를 설정하고, 달성도를 측정하여 성과급을 받았다. 목표에 의한 관리는 구성원에게 동기부여를 제공했다. 구성원이 자신에게 조직이 어떤 점을 기대하는지 확인되면, 목표가 모호할 때보다 동기부여가 쉽고 구체적으로 설정된 목표가 개인들에게 할당되기에 목표 달성에 대한 구성원들의 몰입도가 높아졌다.

후지쯔는 다른 기업들이 흔히 사용하는 시간외근무수당을 없앴다. 이유는 성과급과 시간외근무수당이 서로 양립하지 못하는 기본 속성이 존재하기 때문이다. 성과 평가를 통한 급여 차이는 후지쯔가 강조한 부분이었다. 기본적으로 상여금은 일정 기간 목표 달성도에 따라 결정되었는데, 5단계의 성과 평가 등급에서 저성과자와 고성과자 간 최대 10배 정도 차이가 났다. 경영진이 고성과자·저성과자의 차별적 보상을 통해 구성원들의 동기부여를 높일 수 있다고 믿었기 때문이다. 또한 후지쯔는 자유재량 근무 형태를 지향했는데 구성원들의 인사관리 기본이 성과주의로 전환된 탓에 관리자의 업무 과정의 통제와 모니터링의 중요성이 약해지기 시작했다.

성과주의 인사관리로 더 높은 성과를 보일 걸로 생각했던 구성원들은 점점 활기를 잃어갔다. 특히, 이전에 많은 성과급을 받았던 고성과자들 중심으로 이직이 증가했다. 이에 후지쯔는 더 적극적으로 경력직 사원을 선발했지만 떠나가는 우수 인재의 수를 감당하지 못했다. 여기에 더욱 난감한 것은, 오랜 기간 열심히 일했던 우수 인재가 떠나가는 상황에서 전체 생산원가 중 인건비가 무려 20% 이상 증가했다는 사실이다. 후지쯔는 급기야 2001년 대규모의 구조조정안을 발표하기에 이른다.

어떤 기업의 쇠락에는 다양한 이유가 존재한다. 하나의 이슈로 전체의 문제를 설명하는 데는 무리가 있다. 하지만 후지쯔 사례는 성과주의 인사관리의 부적절성이 기업 쇠락에 결정적인 요인이었다. 후지쯔의 성과주의 인사관리는 가장 먼저 '평가 비율 할당'의 부적절성을 지적할 수 있다. 성과 평가를 하는 대다수 기업과 마찬가지로, 후지쯔는 5단계의 평가 등급별 비율을 할당했다. 하지만 개개인의 목표가 일률적일 수 없는 것이다. 반기별로 관리자들과 협의를 통해 작성된 개인 간 서로 다른 목표를 어느 정도 달성했는지로 평가가 이루어지는 상황에서 평가 등급별 비율을 할당한다는 점에서 구성원들의 불만은 대단했다. 평가 등급별 비율 할당제는 조직의 문화적 측면과 연계되어 더 큰 문제를 발생시켰다. 성과 평가는 조직 내 파벌주의가 작용해 공정한 평가에 걸림돌이 되면서 결국 실제 성과 평가는 연공 서열로 정하는 경우가 대다수였다.

사실, 구성원을 등급으로 평가하는 문제는 매우 심각하다. 그러나 GE의 잭 웰치 Jack Welch는 직원을 A(20%), B(70%), C(10%)로 나누어 평가하고 C급 직원을 정기적으로 해고하라고 주장했다. 저성과자들에 대한 지속적인 퇴출과 외부로부터의 추가 인력수급을 통해 구성원들의 생산성을 높일 수 있다는 이유에서다. 이 제도로 잭 웰치 취임 초기 5년 동안 해고된 직원이 무려 10만여 명에 달할 정도였다.

후지쯔 역시 5단계 등급으로 고성과자와 저성과자 간의 성과급 차이를 관리했다. 이렇듯 구성원을 등급에 꿰맞추는 평가는 많은 문제를 불러왔는데, 대표적인 문제가 후광효과였다. 그 문제점은 한 부분에서 등급이 좋은 구성원은 관련이 없는 다른 부분에서도 성과가 좋은 거라는 굳건한 믿음으로 뛰어난 구성원에게 더 많은 기회를 제공한다는 점이다. 이러한 상황이라면 고성과자는 계속 고성과자로, 저성과자는 계속 저성과자로 분류될 수밖에 없다.

등급제 평가는 기업의 인적자원을 적절히 활용할 수 없다는 한계가 있다. 미국 코넬대 켈러 교수의 분석에서 잘 드러난다. 켈러 교수는 첫 번째로 Fortune 100대 기업의 사내 채용 1만 건 이상을 인트라넷에 공지하고 누구나 지원하는 방식과 두 번째로 팀장이 타 부서의 고성과자를 끌어오는 방식을 나누어 분석했다. 일반적으로 '타 부서 고성과자'가 새로운 부서에서도 높은 성과를 올릴 거라고 믿었지만, 결과는 전혀 달랐다. 켈러 교수의 분석은 인트라넷을 통해 합류한 팀원들의 성과가 타 부서 고성과자들보다 높은 성과를 보였다. 인트라넷을 통해 지원한 팀원들 경우 자신이 선호하는 직무이기에 전직을 희망했을 것이다. 따라서 이들의 높은 동기부여가 '타 부서 고성과자들'보다 월등한 성과를 냈을 거라고 판단할 수 있다.

후지쯔는 성과주의 인사제도 도입 이전에 여느 일본 기업들처럼 연공 서열주의로 인사관리를 했는데 집단주의 조직문화와 맞물린 연공 서열주의가 오히려 효과적인 조직관리의 수단이었다. 하지만 치밀하게 준비하지 못한 성과주의 인사제도 도입이 조직 분위기를 극단적으로 변화시켰다. 회사 차원의 성과달성을 위해 자신에게 할당된 일을 완수한다는 구성원들의 의식은 연기처럼 사라지고, 개인별로 할당된 목표 달성에만 연연해하는 소극적 모습을 보인 것이다.

7. 성과주의 인사제도 : 스포츠팀 사례

조직의 구성원은 기업의 경영 성과를 높이기 위해 역량을 갖출 뿐 아니라 개별 구성원의 협력문화 또는 공동체 의식을 지녀야 한다. 스포츠팀이 경쟁력을 갖추기 위해서는 개개인의 뛰어난 역량과 그들을 하나로 묶을 팀워크가 필요하다. 기업의 경영도 스포츠팀과 매우 유사한데, 일부 경영학자들은 스포츠팀에 대한 분석으로 기업 경영의 시사점을 얻고자 노력한다.

대표적으로 미국 육상 남자 400m 계주 선수들의 연속적인 실패를 분석한 사례가 있다. 육상 400m 계주는 팀당 4명의 단거리 스프린터가 전력 질주로 팀의 승부를 결정한다. 따라서 팀원들이 얼마나 빠른 개인적인 단거리 주파 능력을 갖추고 있는지가 중요하다. 이로써 단거리 계주에서 두각을 나타내는 선수가 많은 국가가 우승할 확률이 가장 높다고 예측할 수 있다. 즉 단거리 부문에서 세계적인 스프린터를 가장 많이 보유한 미국이 최상의 성적을 낼 것으로 대부분 예상하였다. 그런데 실제는 그렇지 않았다. 아이러니하게도 개개인의 실력이 가장 좋다고 여겨지던 미국 남자 계주팀은 세계 선수권 대회나 올림픽에서 기대에 못 미치는 성적을 내고 있다.

미국은 1960년 로마 올림픽 400m 계주 결승전에서 자타가 인정하는 금메달 후보였다. 예상대로 서독을 제치고 마지막 주자가 결승선을 통과했지만, 미국팀은 실격당해 금메달을 얻지 못했다. 실격 이유는, 바통 인계 규정 위반이었다. 이어달리기 종목에서는 바통을 20m 인계구역 내에서 다음 주자에게 넘겨줘야 한다. 그런데 미국 팀은 두 번째 주자가 세 번째 주자에게 바통을 인계하는 과정에서 인계구역을 넘어서는 실수를 범한 것이다.

한 번은 실수로 받아들일 수 있지만, 이 실수를 미국 계주팀이 반복한다는 것은 큰 문제가 아닐 수 없다. 1988년 개최된 서울올림픽에서도 미국은 같은 실수를 범했다. 당시, 육상황제라고 지칭되던 칼 루이스를 위시한 미국의 400m 계주팀은 단연코 세계 최고였다. 그런데도 미국 남자 계주팀은 결승 진출에 실패했다. 이유는 여전히 바통 인계 규정 위반이었다. 세 번째 주자가 마지막 주자에게 바통을 인계하는 과정에서 인계구역을 벗어났다.

미국 남자 계주팀의 '바통 인계' 문제는 이후도 지속되었다. 2004년 아테네 올림픽에서 세계 정상급 선수들로 구성된 미국 남자 400m 계주팀은 바통 인계과정에서 지나치게 시간을 소요하여 금메달 획득에 실패했다. 2008년 베이징올림픽에서도 같은 문제를 반복했다. 당시, 단거리 육상 경기는 지구촌에서 가장 빠른 사나이라고 불리는 우사인 볼트가 지배하고 있었기 때문이다. 그가 속한 자메이카팀과 미국팀의 대결은 세계적이고 세기적인 관심사였다. 하지만 미국 팀은 결승선에 서보지도 못하고 올림픽을 마감했다. 이때도 주자 간 바통 인계 실수였다. 세 번째 주자가 네 번째 주자에게 바통을 인계하는 과정에서 바통을 떨어뜨리고 말았다.

2016년 브라질 리우 올림픽에서도 미국 팀은 지루한 실수를 거듭했다. 이 경기에서 미국은 간신히 3위로 골인하여 남자 육상 강국의 모습을 보이는 듯했다. 하지만 경기 후 진행된 비디오 판독에서 바통 인계 규정 위반이 확인됐고, 결국 실격 판정을 받았다.

미국의 육상팀과 반대되는 사례도 있다. 일본 남자 400m 계주팀인데, 브라질 리우에서 보여준 결과로 확인할 수 있다. 일본 남자 계주팀은 결승에서 37초60을 기록하여 자메이카에 이어 2위로 은메달을 차지했다. 일본과 미국 계주팀 개인들의 실력을 비교하면 단연코 미국이 앞선다. 일본 팀의 가장 빠른 선수의 최고기록이 미국 팀의 가장 느린 선수보다 훨씬 뒤처졌다. 그런데도 일본 팀은 미국 팀보다 앞서 결승선을 통과했다.

과연, 미국 팀과 일본 팀의 차이는 무엇일까. 둘의 차이를 단순 비교하는 것은 분명 문제가 있을 수 있다. 하지만 이로부터 얻을 수 있는 경영의 시사점은 매우 크다. 일본 팀이 강조한 것은 팀 스피릿 team spirit이었는데, 이를 바탕으로 바통 인계 훈련에 집중했다. 반면, 미국 계주팀 선수들은 각자 열심히 달리면 당연히 우승할 거라고 여겼다. 지속해서 실수해온 바통 인계 훈련을 간과했다. 이는 미국 계주팀원의 인터뷰에서 드러났다. 능력 있는 개개인의 노력에만 집중하고 모든 구성원이 함께 호흡해야 할 중요성을 과소평가한 결과였다.

기업의 활동도 능력 있는 개인들이 노력할 부분과 구성원이 함께 호흡할 부분으로 나뉜다. 전자는 기업의 성과를 높이기 위해 인재를 선발하고 적합한 교육을 통해 해결될 수 있다. 하지만 이 과정만으로는 성과를 담보하지 못한다. 기업활동은 개개인의 활동이 상호 연관되어 진행되기 때문이다. 육상 계주팀의 경기처럼 기업 내 구성원들이 최종 목표를 위해 서로 연계(협력)해야 한다. 따라서 최고 목표 달성을 위해 제각각 열심히 한다고 기업의 성과가 높아지진 않는다. 육상의 바통 인계과정처럼 구성원의 상호 협력에 따라 기업의 생산성이 결정될 것이다.

팀원들 간의 협력과 공조로 세계적인 성과를 올린 한국 스포츠팀의 사례도 있다. 바로, 남자 스피드스케이팅의 팀추월 경기 사례이다. 팀추월 경기는 같은 팀 3명의 선수가 총 3,200m를 달리는 동안 선두 선수가 상대 꼴찌 선수를 추월하면 승리한다. 개인 종목과 다르게 팀추월에서는 양 팀이 반대편에서 출발하기 때문에 반 바퀴를 잡으면 경기가 끝난다. 한 팀이 추월하지 못하면 정해진 거리를 완주한 기록으로 승패를 가린다. 이때 기록은 3명 중 마지막 주자가 들어오는 시간을 기준으로 삼는다.

한국 빙상스포츠인 남자 스피드스케이팅 경기는 개인 세계랭킹이 좋은 선수가 많지 않다. 하지만 남자 스피드스케이팅 팀추월 경기에서 한국은 대단한 모습을 선보였다. 2014년 소치 동계올림픽 스피드스케이팅 팀추월 경기에서 한국 남자팀은 동계올림픽 사상 첫 은메달을 획득했다. 당시 1위는 네덜란드 팀이었다. 네덜란드 팀은 세계적인 선수로 구성되었기에 당연히 금메달을 획득할 걸로 사람들은 믿었다. 반면, 한국 팀이 메달을 차지할 걸로 예상한 사람은 아무도 없었다.

한국 빙상선수들의 사례는 개개인의 기록이 부진할지라도 효과적인 팀 구성으로 우수한 성적을 올린 결과로써 경영학적 함의를 얻을 수 있다. 한국 팀이 메달을 획득할 수 있었던 이유는 팀원 간의 단합이었다. 먼 거리를 질주하는 동안 서로 밀어주고 끌어주며 격려하는 상호작용이 팀의 성과를 높인 것이다.

현재 진행되는 성과주의 인사관리는 지나치게 근로자의 개별적인 노력과 성과만을 강조한다. 결국, 성과주의 인사관리는 조직의 성과향상을 위한 인사관리이기 때문에 구성원 상호 간의 '팀 스피릿'을 높이는 방안에 더 집중할 필요가 있다.

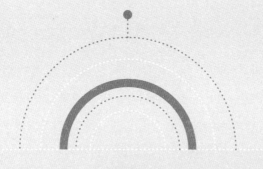

부록 1

성과 리뷰 훈련 프로그램
개발 방법

성과 리뷰 훈련 프로그램 개발 방법

조직관리자가 재량권으로 역동적인 조직관리를 하기 위해 필요한 대전제가 있다. 바로, 조직관리자들의 조직관리 역량이다. 조직관리자는 직원의 성과를 합리적으로 판단하고, 그들과의 커뮤니케이션으로 업무에 몰입할 수 있도록 유도하는 능력이 관건이다. 이러한 조직관리자의 역량을 개발하는 특별한 묘약이란 없다. 오롯이 실제 업무 과정에서 훈련하는 게 전부다. 리더십 강의에서 언급되는 일방적이고 추상적인 방식으로 조직관리자를 훈련하는 것은 불가능하다. 따라서 우리는 실제 적용하고 있는 실전 시뮬레이션 훈련 방법을 소개하고자 한다.

준비 단계

1. 과거 성과기록 자료를 발굴·취합한다.

① 기존 성과 평가에 근거한 기록, 업무분장, 면담 기록 등 사내에서 참고할 자료를 모두 발굴·취합한다.

② 부서장으로 경험을 쌓은 조직관리자와 면담을 통해서 다양한 성과 수준의 사례를 발굴한다.

③ 고성과자와의 면담을 통한 업무수행 사례를 발굴한다.

④ 최근 연간 사업계획 자료로 실제 비즈니스의 흐름 정보를 취합한다.

2. 업무 수준별 시나리오를 각색한다.

① 취합된 자료/정보를 바탕으로 업무 수준별 시나리오를 각색한다.

② 업무 수준별로 탁월 1~2건, 보통 3~4건, 미흡 1~2건으로 구분한다.

③ 각 시나리오에 담길 주요 내용은 연초 부여된 업무 내용(업무 목표), 시기별 수행 과정과 결과, 구체적인 업무수행의 행동 사례, 개인적인 태도 성향, 최종적으로 달성한 결과(정성적, 정량적)를 포함한다.

④ 보통 수준의 업무수행 시나리오는 적절하게 수행한 사례와 부적절한 사례가 섞이도록 하고, 업무 태도와 커뮤니케이션 스킬, 협력 정도 등도 긍정적인 사례와 부정적인 사례를 조합한다.

⑤ 각 시나리오는 명확하게 업무 수준을 판단하기보다는 긍정 사례와 부정 사례를 섞어 다양한 판단이 제시되도록 한다.

3. 시나리오를 직군별, 직급별로 변형하여 확장한다.

① 표준적으로 준비된 업무 수준 시나리오를 회사 특성에 맞게 직군별, 직급별로 변형하여 확장한다.

② 비용효율성을 고려하여 일반적으로 직군은 경영관리, 생산, 영업, 기술 정도로 4~5그룹으로 구분하고 직급별로는 구분하

지 않아도 무방하지만 2~3개 단계 정도가 무난하다.

③ 위의 과정을 거쳐 훈련에 사용할 업무 수준별 시나리오 자료를 준비한다.

④ 한 번 준비된 시나리오는 훈련과정을 거치면서 수정/보완하도록 한다.

⑤ 이러한 과정은 역량진단기법 Competency Assessment Center과 유사하다.

훈련 단계

훈련 단계는 일방적인 강의 방식이 아니라 역할연기 role play, 발표, 토의 등의 기법을 중심으로 한다.

[표 7-1] '성과 리뷰 훈련 프로그램' 실행 시 주요 내용과 시간 배분 예시(4시간)

주요 내용	시간 배분
회사의 주요 조직관리 rule & process를 소개한다.	40분
성과 수준 시나리오 배포 및 개인별 리뷰는 탁월 1건, 만족 3건, 미흡 1건으로 배포한다. 참석자들은 사례 속 직원의 조직관리자로서 업무 리뷰 후 판단 이유와 근거를 기록한다.	20분
참석자들의 판단 결과를 취합하고 종합하여 시나리오별 조직관리자들의 판단 결과를 공유한다.	20분
시나리오별 토의는 참가자들의 판단 이유와 근거에 대해서 발표하고 토의한다. 서로 다른 판단에 대해서도 충분히 토의하여 회사 전체적인 판단 기준을 이해하도록 유도한다.	50분

모의 인재육성위원회를 진행하여 참가자들에게 인재육성위원회 역할을 부여한다. 본부장, 팀장, 인사팀장 등 시나리오(개인)별로 리뷰하고 종합 판단 결과에 대해 합의한다.	50분
훈련과정을 종합적으로 마무리한다.	20분
계	200분 (휴식 40분)

성과 수준에 대한 판단 훈련과 모의 인재육성위원회 세션은 2회로 구분하여 진행할 수도 있다. 위와 같은 훈련은 1회로 그치지 않고 연간 2회 정도 진행하는 것이 바람직하다. 장기적으로는 조직관리자 후보를 위한 필수 프로그램으로 활용할 수 있다.

보상재량권 배분 훈련 역시 같은 접근법으로 실제 보상의 예산을 할당하여 모의 훈련으로 조직관리자들의 역량을 개발할 수 있다.

[표 7-2] '보상 배분 훈련 프로그램' 실행 시 주요 내용과 시간 배분 예시(4시간)

주요 내용	시간 배분	비고
회사의 주요 조직관리 rule & process 소개한다.	30분	
성과 수준 시나리오를 배포 및 개인별 리뷰는 탁월 1건, 만족 3건, 미흡 1건으로 배포한다. 참석자들은 사례 속 직원의 조직관리자로서 업무 리뷰 후 판단 이유와 근거를 기록한다.	20분	성과 리뷰 훈련과 같은 내용으로 요약하여 실시
참석자들의 판단 결과를 취합하고 종합하여 시나리오별 조직관리자들의 판단 결과를 공유한다.	10분	

주요 내용	시간 배분	비고
시나리오별 보상 배분(1차)은 참가자들이 시나리오(직원)의 조직관리자로서 주어진 보상 재원으로 성과 리뷰 결과를 기초로 한다. 시나리오(직원)별 전년도 보상 금액 자료와 강사의 보상 배분 가이드를 제공한다. 동일 금액과 동일비율 금지, 탁월 직원은 10% 이상, 미흡 직원은 동결 또는 최소로 인상한다.	30분	개별 실습
보상 배분 결과를 토의(1차)한다. 조직관리자별 배분 결과를 취합하여 시나리오(직원)별 보상 평균과 레인지를 확인(공유)한 뒤, 보상 배분 결과를 토의한다.	40분	취합 후 토의
시나리오별 보상 배분(2차)은 참가자들이 시나리오(직원)의 조직관리자로서 주어진 보상 재원으로 성과 리뷰 결과를 기초로 한다. 시나리오(직원)별 전년도 보상 금액 자료를 제공하고 강사는 보상 배분 가이드를 제공한다. 동일 금액과 동일비율 금지, 탁월 직원은 10% 이상, 미흡 직원은 동결 또는 최소로 인상한다.	20분	1차 토의 후 다시 실시
보상 배분 결과 토의(2차)는 조직관리자별 배분 결과 취합과 시나리오(직원)별 보상 평균 또는 레인지를 확인하는 것으로 보상 배분 결과에 대한 토의를 끝낸다.	30분	취합 후 공유 / 토의
훈련과정을 종합적으로 마무리한다.	20분	
계	200분 (휴식 40분)	

이 프로그램 역시 연간 2회 정도 실시하여 조직관리자가 자신감을 가질 수 있도록 유도한다. 훈련 프로그램이 안정화된 이후는 조직관리자 후보의 필수 과정으로 활용할 수 있다.

부록 2

궁금증으로 풀어보는
육성형 조직관리모델

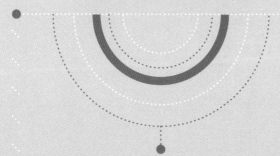

궁금증으로 풀어보는
육성형 조직관리모델

조직 운영은 인사부서, 조직관리자, 직원이라는 세 주체가 각자의 이해관계에 따라 강조점을 달리하면서 긴장 관계를 관리하는 예술적 행동의 집합이다. 먼저 인사부서는 조직관리자에게 회사 전체 관점에서 '공정성'을 바탕으로 정해진 룰에 맞게 조직을 운영하라고 요구한다. 반면, 조직관리자는 획일적인 '공평함'이 아닌 주어진 권한을 적절히 활용해 '직원의 수용성과 동기부여' 수준을 높이고자 노력한다.

다음으로, 조직관리자와 직원 역시 긴장 관계이다. 조직관리자는 직원들을 합리적으로 판단하기 위해 지속해서 업무 수행 관련 정보를 수집한다. 이를 위해 매서운 눈으로 직원의 행동과 성과를 살피지만, 직원들은 평가권·보상권을 가진 조직관리자에게 잘 보이려고 자신의 기여도를 알리거나 눈속임으로 자신의 성과를 과대포장 한다.

그리고 인사부서와 직원 간의 긴장 관계를 보면, 인사부서는 회사가 추구하는 핵심 가치와 인재상을 제시하고 직원들의 니즈가 무엇인지를 다양한 측면에서 파악·반영하고자 한다. 반면에 직원들은 회사 측에 임금, 복리후생, 근로조건 개선, 요구를 관철하기 위해 노력한다.

따라서 성공적인 조직관리는 같은 운동장에서 서로 다른 논리로 각자의 목적을 달성하려는 세 주체 간의 적당한 긴장과 갈등 속에서 궁극적으로 직원 육성과 만족이라는 같은 목표를 달성해 내는 것이다. 이에 새로운 조직관리모델의 세 주체가 갖는 질문과 대답을 Q&A 형식으로 구성하여 이해를 돕고자 한다.

1. 인사부서의 관점

Q. 조직관리자들에게 재량권을 준다는 취지는 좋은데, 과연 그들이 주어진 재량권을 운영할 능력이 되는가?

A. 이 부분이 인사부서의 가장 큰 고민이 될 듯하다. 조직관리자의 업무 중 하나가 직원의 동기부여와 부서의 목표를 달성하는 것이라면 당연히 조직의 인적자원을 활용하는 데 재량권을 줘야 한다. 조직관리자에게 재량권을 부여하기 위해서는 인사부서의 선결적인 노력이 필요하다.

우선, 재량권을 제대로 사용하여 부서의 목표를 달성할 리더를 조직관리자로 선발해야 한다. 회사의 인사자료와 상급자들의 판단을 토대로 해당 직무수행에 적절히 재량권을 사용할 리더를 관리하고, 이들을 조직관리자로 활용하는 방안을 모색해야 한다. 이를 위해서 차세대 조직관리자 풀 pool 관리를 통한 승계계획이 필요하다.

차세대 조직관리자의 풀 구성을 위해서는 인재육성위원회가 직원들의 정확한 정보를 먼저 파악한다. 인재육성위원회의 리뷰 세션으로 해당 부서 부서장의 평가, 차상위 부서장의 평가, 유관부서 부서장의 평가를 바탕으로 미래부서에 적합한 부서장이 누구인지를 기본 자료를 통해 확보한다.

기본 자료는 조직관리자로서 재량권을 무리 없이 행사할 수 있을지에 대한 다면적인 판단이 담겨있어야 한다. 인재육성위원회의 리뷰 자료를 바탕으로 승진(조직관리자 임명)이 결정된다면 재량권 부여에서 파생하는 문제점을 사전에 방지할 수 있다.

조직관리자로 임명할 리더 그룹의 풀 pool이 갖춰지면 이들의 보직 임명 전 준비 단계가 필요하다. 예를 들어, 가상의 상황을 바탕으로 조직관리자의 역량을 높일 시뮬레이션 교육을 할 수 있다. 승진 대상자 풀 pool에 있는 사람들에게 주어진 상황 해결의 방안을 찾게 한다면, 이후 보직 임명 상황에서 발생할 문제에 적절히 대처하리라 판단된다.

이 교육을 보직 임명 직전 단발적으로 하지 말고, 충분한 시간을 가지고 여러 차례 반복하면 더 효과적이다. 이미 조직관리자에게 재량권을 부여한 회사가 사용해도 되는 방법이다. 적어도 2년 정도는 제도 시행 전에 일정을 잡고 훈련을 시킨 뒤, 단계적으로 재량권을 부여하는 게 바람직할 것이다.

이러한 과정으로 임명된 조직관리자가 회사가 맡긴 역할을 해내지 못할 수도 있다. 이럴 때 조직관리자는 재교육 훈련이 필요하다. 인사부서는 역량이 충분하지 못한 조직관리자를 추려 맞춤형 교육을 진행하도록 한다. 재교육 기회와 시간을 주었는데도 여전히 조직관리 역량에 문제가 있다면 과감하게 교체하는 게 바람직하다.

Q. 조직관리자들이 주어진 재량권을 친소관계에 따라 오용하거나 남용하지 않는가?

A. 그럴 여지를 배제할 수 없다. 하지만 조직관리자에게 재량권을 부여해 발생하는 문제라기보다는 조직관리자에게 의사결정 권한을 부여한 현재로선 언제든 생길 수 있는 문제다. 이를 방지하기 위해 조직 내 감사조직, 윤리센터 등 여러 견제장치를 두고 있다. 가장 먼저 권한의 오남용을 막기 위한 충분한 교육훈련이 필요하다.

하지만 우리가 제시하는 모델은 인재육성위원회를 활용해 바람직한 조직관리 방향을 잡는 것이다. 인재육성위원회를 통해 조직관리자들이 그 의견과 결정을 모니터링받는다면 재량권 오남용을 현저하게 줄일 수 있을 것이다.

예를 들어 승진 결정시에 해당 부서에 승진 추천자가 있다면, 타 부서의 조직관리자 또는 상위 단계의 조직관리자로부터 동의받지 못하는 사례가 생길 수 있다. 이는 인재육성위원회가 조직관리자의 재량권 행사에 일종의 견제 장치로 작동하는 사례라 할 수 있다. 인재육성위원회는 여러 부서의 조직관리자가 리뷰를 진행하므로 일종의 집단 지성을 발휘하는 합리적인 프로세스가 된다. 운영의 묘미를 발휘하면 조직관리자의 재량권 행사에서 오남용을 막을 수 있다. 인재육성위원회에서 검토한 내용을 해당 직원과 면담·공유하여 불만에 대처한다면 친소관계에 따른 재량권 오남용이 현격히 줄어들 것이다.

Q. 직원들이 만족할 만한 성과를 보인다는 전제로 조직관리를 하자는 취지는 좋다. 하지만 조직 내 긴장감이 떨어지고 낮은 업무의 성과자가 소위 '묻어가는' 현상이 나타날 것 같아 걱정이다. 반면, 성과 수준이 높은 직원은 오히려 동기부여가 떨어지지 않을까?

A. 그런 염려가 충분히 있을 수 있다. 하지만 성과가 높은 직원의 동기부여 감소 문제는 지나치게 재무적으로 사안을 바라봤기 때문으로 여겨진다. 우리의 주장은, '직원들의 신뢰에 기반한 조직관리모델'은 현재 한국 기업의 파괴적인 경쟁주의를 극복하려는 취지다. 새로운 관점으로 전환했을 때 잃는 것보다 얻는 게 훨씬 더 많다. 조직의 협력적인 분위기가 더해지고, 그 과정에서 팀원 간 협력의 시너지와 신뢰는 더욱 강화된다.

이러한 긍정적인 면을 살리면서도 고성과자들의 동기부여가 떨어지지 않도록 더욱 도전적인 업무를 주고, 이를 바탕으로 다음 단계로 나아가도록 지도하는 게 조직관리자의 역할이다. 재무적인 보상은 조직관리자에게 예산권을 부여하기에 부서 내 성과가 높은 직원들이 현재보다 충분한 보상을 받을 수도 있다. 성과 수준을 강제로 할당하고 성과 평가 등급에 따라 퍼센티지로 나누는 것보다는 조직관리자가 재량권을 발휘해 보상한다면 예산을 보다 효과적으로 사용할 것이다.

'대부분 만족할 만한 수준의 직원'이라는 관점은, 업무 수준이 낮은 직원을 방치하거나 판단하지 않겠다는 의미가 아니다. 강제로 상대 배분하는 접근법을 폐기하고, 직원들의 업무수행 과정과 결과를 냉정하고도 엄격하게 판단하기를 바라서다. 이러한 과정은 조직관리자 1인이 판단하지 않고, 인재육성위원회의 집단적인 논의를 거치기 때문에, 훨씬 객관적이며 근거 있는 판단이 된다. 따라서 직원들에게 대충 얼버무리는 식의 판단은 절대 나올 수 없다.

Q. 장기적으로 조직관리자에게 보상배분 권한을 준다고 할 때, 과연 직원들이 조직관리자의 보상 배분 판단에 동의하고 만족할까?

A. 조직관리자에게 보상 배분 권한을 준다는 전제는, 인재육성위원회의 충분한 성과 리뷰로 임명된 조직관리자는 보상배분 권한에 대한 훈련이 충분하다고 인정했다는 뜻이다. 따라서 직원들도 이런 모델에 익숙해져야 한다. 이러한 훈련으로 조직관리자는 자신의 조직관리 방법에 자신감도 붙고 성과 우열의 판단 기준도 명확해진다. 나아가 회사의 합리적인 보상 편차에 대한 부서별 조직관리자들 간의 합의도 생기게 마련이다.

다음 단계로 조직관리자에게 보상 예산을 할당하고, 조직관리자는 할당받은 보상 재원 내에서 직원들에게 보상 배분을 시행할 수 있다. 이를 위해 곧바로 보상 배분을 시행하기보다는 최소 2년 정도 준비 기간을 두는 게 좋다. 그 기간에 일종의 모의고사 같은 트레이닝을 거치면서 결과에 대한 리뷰를 통해 보완점을 찾는 노력이 필요하다. 훈련 방법의 예시를 짧게 살펴보자.

인사부서는 보상 배분에 필요한 성과 타입별 시나리오를 만들고 조직관리자에게 보상 예산을 지급한다. 이후, 개별 조직관리자는 시나리오별로 어느 정도의 보상을 지급할지, 그렇게 정한 이유가 무엇인지 의견을 교환한다. 이를 인사부서가 취합하고 모니터링하여 피드백 세션을 토대로 해당 사안에 타 부서 조직관리자의 결정 내용과 정보를 얻으면 회사의 보상에 암묵적인 가이드라인을 찾을 수 있다. 조직관리자는 인재육성위원회의 성과리뷰 결과를 바탕으로 보상 결정 내용을 해당 직원과 공유한다. 조직관리자가 해당 직원의 성과에 피드백을 진행하면서 인재육성위원회는 해당 직원의 성과를 어떻게 판단하고, 어떠한 근거로 보상을 정했는지 충분히 설명하고 알려야 직원들의 보상 수용성이 높아질 것이다.

Q. 조직관리자로서 관리 능력이 부족함을 보였을 때는 어떻게 해야 할까?

A. 일반적으로 저성과자를 관리하는 방안과 같은 맥락에서 접근해볼 수 있다. 저성과자는 만성적인 저성과자와 일시적인 저성과자로 분류할 수 있다. 만성적인 저성과자는 조직과 큰 마찰 없이 내보낼 방법을 찾아야 한다. 반면, 일시적인 저성과자는 교육훈련으로 성과를 높이는 방안을 모색해야 한다.

조직관리자도 이와 마찬가지다. 여러 방면에서 충분한 관리역량을 갖추지 못한 조직관리자는 관리업무에서 배제돼야 한다. 처음 조직의 관리를 맡아 서툰 모습을 보이는 관리자는 성공적인 조직 관리자로 소프트랜딩 하도록 인사부서의 적극적인 개입이 필요하다. 이렇듯 인사부서는 조직관리 능력이 현저히 떨어지는 관리자가 발생할 경우를 대비하여 조직관리자 풀 pool을 준비해야 한다. 조직관리자의 역량에 문제가 발생하면 즉각 이를 대신할 관리자를 세울 필요가 있다.

인사부서는 조직관리자 풀 내의 후보자들에게 성과 리뷰나 승진 리뷰 같은 훈련을 해야 한다. 초임 조직관리자에게 일시적인 조직 관리역량 미숙이 나타날 경우, 인사부서 담당자를 매칭시켜 지원 해주고 조직관리 프렉티스를 받도록 도움을 준다. 기존 선배 조직 관리자 중 조직관리 역량과 스킬이 뛰어난 자를 조언자로 붙여주는 것도 좋은 팁이 될 것이다.

Q. 조직관리자에게 현재 인사부서의 모든 역할이 부여되는 것 같은데, 그렇다면 향후 인사부서는 회사 내에서 없어지는 것 인가?

A. 우리의 생각은 인사부서가 필요 없어졌으므로 폐지하자는 게 절대 아니다. 현재 인사부서가 왜곡하여 담당하던 성과 평가와 보상 업무를 직원과 호흡을 같이 하는 조직관리자

에게 위임하고, 인사부서는 더 높은 차원에서 운영하자는 주장이다. 성과 판단과 보상 업무를 조직관리자에게 위임하면 나타나는 문제가 생긴다. 기존에 없던 작업이라 현장 조직관리자에겐 녹록지 않은 부담으로 다가올 것이다. 이들 조직관리자를 서포트해야 하는 것이 인사부서의 역할이다. 인사 운영의 룰과 프로세스를 조직관리자에게 충분히 이해시키고 부서 차원에서 적절히 활용하여 지원해야 한다. 인사부서가 조직관리자의 파트너 체제로 변환되어 일선 부서의 역동적인 활동에 촉매제가 돼줘야 한다.

인사부서는 그동안 등한시했던 활동에 적극적으로 나설 필요가 있다. 조직의 미래 사업 방향에 따라 현 직원들의 역량 수준을 파악하고, 이를 바탕으로 장기적인 인력 충원의 계획을 세울 수 있다. 이는 몇몇 인사관리 기술만으로 가능한 일이 결코 아니다. 회사의 생산과정과 생산기술의 충분한 이해와 경쟁기업의 인력 풀 pool 역량 판단 그리고 미래 시장을 예견할 식견을 바탕으로 해야 한다. 인사부서가 이러한 식견을 갖출 때라야 비즈니스 파트너로서 C-level 회의에 참석할 수 있다.

향후 인사부서는 조직관리자 후보군을 육성하여 각 조직의 후임자를 안정적으로 승계시키도록 해야 한다. 조직관리자에게 할당한 보상 재원을 총인건비 관점에서 효율적으로 사용하고 있는지 거시적·중장기적으로 분석하고 예측해야 한다. 이러한 업무는 20여 년전, David Ulich 교수가 'Human Resource Champion'이라는 저서에서 이미 제시했다. 우리가 제시한 방향으로 전환하기 위한 전제가 바로 조직관리자 중심의 조직관리모델이다.

2. 직원의 관점

Q. 인사평가는 없어지는 것인가?

A. 한 해 동안 직원의 성취를 심의하는 평가가 없어지는 건 아니다. 하지만 현재 대부분 기업에서 주를 이루는 강제 서열식, 상대 배분식 인사평가는 시행하지 않는다. 이런 의미에선 인사평가를 하지 않는다고도 할 수 있다. 그런데도 인재육성위원회 성과 리뷰 세션으로 직원의 한 해 동안 성장을 강력하게 지원하고 조직관리자가 모여 심도 있게 토의한다. 모든 직원이 만족할 만한 성과를 창출한다는 전제로 더 잘한 우수 Excellent 직원을 찾아내는 과정을 수행하는 것이다. 이 과정에서 정해진 비율은 없다. 다만, 우수한 직원이 보여준 성과에 충분한 설명(근거)이 제시되어야 한다. 인재육성위원회 성과 리뷰는 조직관리자 관점의 QnA를 참고하길 바란다.

Q. 승진은 어떻게 이루어지는가?

A. 회사는 보통 직급별로 평균 육성 기간을 설정한다. 이는 직원이 해당 직급에서 충분한 역량을 갖추는 데 필요하다고 인정한 기간이다. 육성 기간은 조직관리 체계에 따라 직급별 연차가 쌓인 직원이 자동으로 승진후보자가 되는 일을 차단한다. 이때 승진후보자가 되려면 당사자가 승진 의지 Challenge를 공식적으로 밝히거나 조직관리자가 추천해야 한다. 연차에 따른 승진은 지양되고, 인재육성위원회 승진리뷰 세션에서 심의되고 결정되는 게 바람직하다. 이처럼 변화해야 하는 이유는 승진을 내부 채용 관점에서 운용하기 때문이다.

Q. 보상 권한을 조직관리자가 행사하면 조직관리자의 역량이나 성향에 따라 불합리한 결과가 발생할 수 있지 않은가?

A. 준비되지 않은 조직관리자라면 직원들의 보상 결정에 합리적으로 판단하지 못할지도 모른다. 따라서 회사는 조직관리자의 역량향상을 위해 지속해서 교육하고 인사정책을 설명한다. 이 과정에서 인사부서의 역할을 강조해야 한다. 그리고 준비가 되었다고 인정된 자를 조직관리자로 선임해야 한다.

조직관리자의 재량에 따라 동일 직급에서 만족할 만한 성과를 낸 직원이라 하더라도 실제 급여 인상 금액(또는 인상률)은 차이가 날 수 있다. 이러한 차이는 각 조직관리자가 소속 직원 개인별로 종합적으로 판단하여 각자 합리적인 기준으로 급여를 책정한 결과물이다. 이것이 조직관리자에게 부여된 재량권이며 책임인 것이다.

Q. 조직관리자가 나의 업무성과를 리뷰할 때, 그 사람 혼자서 내 업무를 다 파악할 수 있는가?

A. 기존의 성과 평가는 조직관리자 1인이 판단하는 체제였다. 하지만 우리가 제안하는 제도는 인재육성위원회이다.

인재육성위원회는 각 직원의 성과에 대한 리뷰와 승진 대상자 결정을 주목적으로 한다. 인재육성위원회는 부문장(기존 2차 고과자), 부서장(기존 1차 고과자), 유관부서 부서장, 그리고 인사부서가 참석해 부서별 직원 한 명 한 명의 연간 업무수행 성과에 대해 의견을 제시하고, 토론 및 합의를 진행한다. 우선, 성과 리뷰 대상 직원의 한 해 동안 성과를 부서장이 인재육성위원회에 보고한다. 이를 바탕으로 자신의 의견을 제시하는데, 이후 부문장과 유관부서 부서장이 다른 시각으로 관찰한 그 직원의 성과 수준에 각자 자신의 의견을 제출한다.

토론을 바탕으로 직원별 성과 리뷰를 진행하기 때문에 조직관리자 한 명의 의견으로 성과 리뷰 결과가 결정되지 않는다. 시장의 동향에 민감하게 따라가는 업무의 특수성이 있는 경우라면, 외부 전문가가 배석해 시장의 퍼포먼스 상황을 설명하고 (예를 들어, 다른 회사의 성과) 이를 바탕으로 성과 리뷰를 진행할 수도 있다. 이후 부서장(조직관리자)은 인재육성위원회의 성과 리뷰 결과를 그 직원과 공유하는 절차를 거친다. 그 직원이 리뷰 결과에 불만이 있으면 인사부서가 정한 절차에 따라 리뷰 결과의 재검토를 요청할 수 있다.

Q. 조직관리자가 역량이 부족해 제대로 업무 판단을 못 하면 어떻게 될까?

A. 성과 리뷰는 조직관리자의 판단을 기초로 하는 게 조직관리의 기본 모델이다. 하지만 성과 리뷰는 조직관리자와 직원 간 정보의 차이로 판단이 다를 수 있다. 이런 경우를 생각해 보자. 직원이 인식하는 성과 정도가 10이라고 할 때, 불명확한 소통과 측정상의 오류로 조직관리자는 8 정도로 성과를 인식할 수 있다.

이 상황에서 직원은 성과 리뷰가 부정확하다고 느끼게 될 것이다. 따라서 직원은 자신의 성과를 더 정확하게 인식시키기 위한 커뮤니케이션이 필요하다. 직원과 조직관리자 간의 커뮤니케이션이 더 효과적으로 진행되기 위해서 직원은 한 해 동안 자신의 성과를 정기적으로 기록할 필요성이 제기되는 것이다.

예를 들어, 매주 자신이 수행한 업무 내용과 달성 정도를 짧게라도 기록으로 남겨두면 이후 조직관리자와의 커뮤니케이션 과정에서 자신의 성과를 주장할 수 있다. 직원은 인사부서가 마련한 구제 절차를 진행할 수도 있다. 이의제기를 보다 효과적으로 진행하기 위해서라도 직원은 자신의 성과 정도를 기록한 자료가 반드시 있어야 한다.

조직관리자의 성과 리뷰는 혼자만의 독단적인 업무가 아닌 여러 조직관리자의 공동의사결정 프로세스로 진행된다. 따라서 해당 부서 조직관리자의 역량 부족이 성과 리뷰에 미치는 부정적인 영향력을 최소화할 수 있다. 조직관리자의 역량 부족은 인사부서가 조직관리자에게 모든 것을 맡기고 방치하기보다 끊임없이 조직관리자를 모니터링하고 훈련하여 보완될 수 있다. 그래도 제 역할을 못한다면 결국 조직관리자를 교체해야 할 것이다.

Q. 업무 리뷰를 할 때, 숫자에 기반한 자료도 있겠지만 일부 부서를 제외하고는 대체로 정성적인 자료가 대부분이다. 이런 정성적인 자료로 내 업무성과를 제대로 설명하고 판단할 수 있는가?

A. 대다수 직원의 성과는 정성적 자료로 판단된다. 정성적인 자료를 바탕으로 성과 리뷰가 진행되므로, 리뷰 결과에 수

용성이 현저히 낮아진 게 현재 조직에서 나타나는 현상이다. 하지만 조직 내 업무가 사람으로 이루어진다는 측면에서 어느 정도 인정하고 운영해야 한다.

근본적으로 정성적 자료의 리뷰를 극복하기 위해서는 업무 진행의 기록이 필요하다. 기록은 조직관리자와 직원 모두가 업무를 진행하면서 수행한다. 조직관리자의 경우, 각 직원이 어떠한 업무를 수행하고 업무수행 결과가 어떠했는지 정기적으로(예를 들어, 한 달 단위로) 기록할 수 있다. 그리고 직원은 그가 어떠한 업무를 수행했고, 어떠한 성과를 거두었는지 정기적으로(예를 들어, 주 단위로) 기록할 것을 권장한다.

업무수행 기록을 남기는 것은 성과 리뷰에서 최근효과 오류 recency effect error를 낮추고, 리뷰 결과의 정당성을 확보하는 데도 주요한 정보로 활용될 수 있다. 한 해 동안의 업무수행 결과를 기록으로 남기고 이를 바탕으로 업무 리뷰를 진행하면, 정성적 자료에 근거한 리뷰의 한계를 일부 극복할 수 있을 것이다. 문제의 본질은, 정성적 자료인지 정량적 결과인지보다 업무수행 과정의 기록을 바탕으로 조직관리자와 직원이 건설적인 대화와 피드백을 하는 것이다.

Q. 조직관리자는 무슨 일을 하는가?

A. 조직관리자는 직원의 채용, 재직기간의 육성, 퇴사 절차까지 책임지고 관리한다. 부서에 결원이 생기거나 새롭게 필요한 업무가 발생할 때, 일 job을 정의하고 인력을 탐색해 채용하는 결정 권한과 그에 대한 책임을 진다. 직원의 입사 이후는 해당 분야의 전문가로 성장하도록 육성하여 커리어 관리를 한다. 매년 연말과 연초에 직원 육성의 종합 심의 과정을 수행한다. 아울러 PDR 세션의 결과를 활용하여 직원의 보상 배분을 결정한다.

직원들의 근무상황(업무 시간, 프로젝트 투입)을 수시로 파악하고 개인의 니즈를 고려하여 휴가를 승인하고 관리한다. 아울러 부서에 할당된 예산을 공적인 목적으로 효과적으로 사용하여 직원들의 동기부여를 유지하고 팀워크를 증진해야 한다.

Q. 직원들의 업무성과를 판단하는 기준이 정확한가?

A. 정성적인 업무 결과를 바탕으로 직원들의 성과를 정확히 판단하는 것은 상당히 난해한 작업이다. 직원들이 성과 리뷰 결과에 불만을 품는 것도 계량적으로 측정할 수 없는

업무수행 결과 때문이다. 하지만 개별 직원의 성과 리뷰는 조직관리자로서 소홀할 수 없는 중요한 업무 프로세스이다. 이를 바탕으로 직원들의 노력이 조직의 성과로 이어지게 만들어야 하는 중요한 작업이기 때문이다.

정확한 성과 판단 기준을 제시하기는 현실적으로 불가능하다. 하지만 일련의 과정으로 성과 우열의 판단 정확성을 높일 수 있다. 이를 위한 노력이 주기적인 성과 관찰 기록과 인재육성위원회의 활성화이다.

회사의 성과 리뷰는 연말에만 진행되는 과정이 결코 아니다. 한 해 동안의 직원 성과를 주기적으로 관찰하고 이를 기록한 자료를 바탕으로 최종적인 성과 리뷰를 진행한다. 조직관리자는 되도록 1개월 혹은 2주 단위로 개별 직원의 업무 관련 행동과 업무 결과를 기록할 책무가 있다. 이 기록은 주기적인 피드백을 위한 자료로 사용하며, 연말에 진행하는 최종 성과 리뷰를 위해 작성돼야 한다. 조직관리자가 직원의 성과를 판단할 때, 기억에만 의존한 연말 평가는 불가피하게 오류를 만든다. 되도록 잦은 주기로 직원들의 성과를 관찰한 결과를 기록한다면 연말의 종합 판단 시점에 정확성을 높이고 판단 결과의 자신감 역시 높아질 것이다.

인재육성위원회의 성과 리뷰도 중요한 과정 중 하나이다. 인재육성위원회의 성과 리뷰는 한 명의 조직관리자가 직원의 성과를 판단할 때 발생할 한계를 극복하는 공동의 의사결정 과정이다. 인재 육성위원회 진행의 예시를 잠시 살펴보자.

[표 8-1] 육성위원회 성과 리뷰 세션 과정 예시

인사담당 : 지금부터 우리 회사 OO 부문의 성과 리뷰를 시작하겠습니다. 진행은 부문장님께서 맡아 주시겠습니다.

OO 부문장 : 네, 그럼 우선 A 부서부터 리뷰를 시작하겠습니다.

A부서장 : 우리 부서는 총 5명인데, 대부분 기대한 정도의 성과를 보였습니다. 먼저 김OO 과장에 대해 부서장으로서 판단하고 있는 성과 수준을 말씀드리겠습니다. 김 과장은 업무처리 속도도 빠르고 거래처와의 협상도 능숙합니다. 적절한 수준의 목표를 설정해서 한 해 동안 업무를 수행했으며, 달성도도 100% 이상으로 나타납니다. 지난 4월 거래처 화재로 인해 적시에 충분한 원료 수급이 어려운 상황에서도 새로운 거래처를 중국에서 찾아내서 생산설비를 정상화하는 데 이바지한 측면이 있습니다. 다소 부족한 면은, 독단적인 업무 스타일로 부하직원과의 불협화음이 있으며, 자기 업무는 잘하지만 타 직원들과 협업이 필요한 업무에서는 적극적이지 않았습니다. 한 해 동안 작성한 성과기록을 살펴보면 보고서 제출 기한을 잘 지키지 않았고 서류 작성 능력도 다소 떨어집니다. 하지만 자료를 보시면 올해 원가절감 실적이 탁월하여 부서 실적에도 크게 이바지했으므로 이 부분 참작하여 의견을 부탁드립니다.

B부서장 : 첫 번째 말씀하신 김OO 과장은 A부서장께서 말씀하신 바와 같이 업무 추진력은 우리 부서에서 봐도 우수합니다. 지난번 거래처 화재에 대처하는 모습에 우리 부서 직원들도 놀랐습니다. 하지만 그에 비해 부서 간 소통에 다소 문제가 있는 것으로 보입니다. 새로운 거래처를 찾을 때도 우리 부서와의 정보교류 없이 진행한 측면은 적절하지 않았던 것 같습니다. 전반적으로 우리 부서 업무에 비협조적입니다. 관련 업무를 수행하는 저희 신입직원이 자료를 요청해도 전달이 잘 안 됩니다. 원가절감에서 부서 목표 달성에 이바지한 측면은 있지만, 회사 전체의 경영 성과를 생각한다면 탁월했다고 말하기는 힘들 듯합니다.

C부서장 : 네, 저도 B부서장의 의견에 동의합니다. 부서 내 업무는 잘했을지라도 회사 전체적인 차원에서는 다소 부족한 측면이 보입니다. 하지만 지난번 우리 부서와의 공동 프로젝트에서는 이전보다 협력적인 모습을 보였습니다. 이 부분은 A부서장께서 성과 리뷰를 공유하면서 개선점으로 강조해 주신다면 좋은 모습을 보일 수 있을 것으로 기대됩니다. (중략)

인사담당 : 김OO 과장은 향후 차장급으로 승진을 앞두고 있습니다. 따라서 올해 보여준 업무 수준과 함께 회사에서 중장기적으로 육성하고 중간관리자로서 성장하기 위한 관점에서도 성과 리뷰를 해주셨으면 좋겠습니다. 결과적인 성과는 좋았지만, 부서 간 협력이 부족하거나 타 부서를 배려하지 못한 점에 대해서는 좋게 평가받기는 어려울 것 같습니다.

OO 부문장 : 네, 부서장님들의 의견 잘 들었습니다. A 부서의 김OO 과장의 탁월한 원가절감 실적은 칭찬할 만하지만 타 부서와의 협업이 잘되지 않은 것이 문제가 된 듯 보이네요. 그래도 원가절감 실적이 20억이나 되는 점을 고려해볼 때 김 과장에게 성취도 탁월을 부여하는 데 큰 문제는 없어 보입니다.

D부서장 : 부문장님 말씀에 어느 정도 동의합니다. 하지만 이 직원은 우리 부서에 잘못된 정보를 제공해서 우리 부서 업무가 힘들었습니다. 원가절감을 했다지만 원재료의 질이 좋지 않아 수율이 전년도보다 15% 이상 감소했습니다. 새로운 거래처 확보에 있어서 품질의 문제점이 있다는 저의 부서 의견을 무시한 측면이 있습니다.
저는 만족 정도의 판단이 적절하지 않을까 합니다.

A부서장 : C부서장님과 D부서장님의 의견 잘 들었습니다. 업무처리에 있어서 제가 관찰할 수 없는 부분에 대해 말씀해 주신 부분 감사합니다. 하지만 업무 추진력은 타 직원의 모범이 될 만하다는 점을 더 고려해 주셨으면 합니다. (중략)

OO 부문장 : 여러 부서장님의 말씀을 종합해서 평가해야 할 것 같습니다. 한 가지 더 고려해야 할 부분은 새로운 거래처 적시 확보를 사장님도 높이 평가하셨다는 점입니다. (중략)

OO 부문장 : 네, 부서장님들의 말씀을 종합해보면, 김OO 과장은 만족 수준의 성과 리뷰 결과가 적절할 것 같습니다. 이에 대해 어떻게 생각하시는지요? (중략)

OO 부문장 : 네, 그럼 여러 부서장님의 공통된 판단에 따라 김OO 과장은 만족으로 성과를 판단하겠습니다. A부서장은 오늘 리뷰에서 나온 내용을 김OO 과장과 적절히 공유해서 우수한 부분에 대한 충분한 인정과 부족한 부분에 대한 개선점을 자세히 설명해주기를 바랍니다. 부서 간 업무 협력을 위한 외부 교육프로그램을 활용해볼 수도 있겠습니다. 그럼 다음 직원에 대한 리뷰를 진행하시지요.

A부서장 : 네, 다음은 우리 부서 이OO 과장에 대해서 리뷰를 진행하겠습니다. (중략)

OO 부문장 : 금일 진행된 성과 리뷰에 대해 혹시 이견이 있으신지요? 없다면 금년도 OO 부문의 성과 리뷰를 마칩니다. 각 부서장께서는 직원들에게 성과 리뷰 결과를 잘 전달해 주시고 차 연도 업무계획에 반영해 주시기 바랍니다. 더불어 인사담당자는 전체적인 성과 리뷰 내용을 정리해서 기록으로 남겨 주시기 바랍니다. 감사합니다.

위에서 살펴본 것처럼, 인재육성위원회의 성과 리뷰는 1차 조직관리자, 2차 조직관리자나 유관부서 관리자 또는 인사부서도 성과 리뷰 대상자의 한 해 동안의 업무수행 과정과 업무성과에 대한 의견을 제시한다. 리뷰 과정에서 1차 관리자는 한 해 동안의 업무 관찰 기록을 바탕으로 성과 수준에 의견을 제시하는 것이 바람직하다. 1차 조직관리자의 판단 역시 해당 직원의 행동과 업무성과를 관찰할 수 있었던 2차 조직관리자나 유관부서 관리자가 자신의 관점에서 판단한 성과 수준에 의견을 제시한다. 이를 바탕으로 집단토의를 진행한다면, 관리자 한 명의 편견이 낳는 판단오류를 줄일 것이고 결국 더 정확하고 수용 가능한 성과 리뷰 결과를 만들어 낼 수 있다.

또한 인재육성위원회로 성과 리뷰를 진행하더라도, 곧바로 실제 상황에 적용하기보다는 예비과정을 진행하면서 조직관리자의 눈높이를 맞추는 과정이 필요하다. 예를 들어, 직원별 성과 수준의 가상 시나리오를 만들고, 이를 바탕으로 조직관리자가 토론을 진행하는 훈련과정을 운영하면 인재육성위원회에 참가할 리더들에게 회사에 맞는 성과 우열 판단의 기준을 제공할 것이다. 이러한 예비 훈련과정을 몇 차례 진행한 이후 실제 상황에서 성과 리뷰를 진행하는 것이 바람직하다. 향후 리더 후보군을 육성하기 위한 절차로 활용할 수도 있다.

Q. 비슷한 성과를 보인 두 직원 가운데 연차가 높은 직원을 승진 추천하려고 하는데, 인사부서는 목적 고과를 하면 안 된다는

가이드를 주는데, 방법이 있는가?

A. 목적 고과는 거의 모든 HR 관련 서적에서 반드시 없애야 할 인사 결정상의 문제로 지적하고 있다. 친소관계를 바탕으로 한 목적 고과나, 관리자의 직원 눈치보기로 발생하는 목적 고과는 부적절하다. 하지만 우리가 말하는 목적 고과는 의미가 다소 다르다. 조직관리자의 미션은 주어진 조직자원하에서 팀원들의 협력을 극대화해 동기부여를 높여 목표를 달성하는 데 있다. 조직관리자가 가진 승진이라는 제한된 자원을 비슷한 성과의 직원 중 누구에게 더 많은 자원을 배분할지는 전적으로 그의 판단이어야 한다. 과거 경쟁적 성과주의 관점에서는 목적 고과라고 표현했지만, 여기서는 조직관리자가 오히려 활용해야 할 의도적인 목적 의식행동이라고 정의한다.

인재육성위원회의 성과 리뷰로 부정적인 목적 고과는 충분히 걸러질 수 있다. 충분한 근거에 기반하지 않고 제시한 1차 관리자의 의견은 2차 관리자 또는 유관부서 관리자에게 견제된다. 리뷰 프로세스를 운영하고 모니터링하는 인사부서도 적극적인 의견을 낼 수 있다. 질문과 같이 성과 수준이 비슷한 상황에서 누구를 승진후보자로 추천하느냐의 판단은 전적으로 조직관리자의 재량권 영역이다. 하지만 그 책임도 전적으로 조직관리자의 몫이다.

Q. 두 명의 직원 모두 성과 수준은 평균 이상으로 잘하고 있고 업무상 우열을 가리기 어렵다. 두 직원은 동기라서 올해 말 승진 시 한 명은 탈락할 것 같은데, 어떻게 할까?

A. 직원들을 동기부여 시켜야 하는 조직관리자에게 이러한 상황은 큰 도전이다. 올해 한 명만 승진하는 상황이라면 조직관리자가 전략적으로 행동을 취해야 한다. 두 명의 승진 시기를 분리하는 게 하나의 전략이 될 수 있을 것이다. 대상자 중 한 명은 전략적으로 조기 승진을 유도할 수도 있다. 승진 결정을 앞둔 1년 전부터 조기 승진할 직원의 성과를 조직관리자가 관리하고 지원해줄 수 있다. 이를 위해 다른 부서에 해당 직원의 성과를 적극적으로 노출해 타 부서도 인정받게 만들어야 한다. 이럴 때 해당 직원이 현 부서에서 승진 기회를 얻지 못하더라도 유관 타 부서를 통한 승진이 가능할지도 모르기 때문이다.

또 다른 한 명의 직원은 승진 시기를 6개월가량 늦춰 다음 연도에 반드시 승진할 방법도 고민해야 한다. 이러한 상황을 조직관리자가 1~2년부터 인식해야 하며, 그동안 전략적 계획을 바탕으로 인원을 관리해야 한다. 인사부서와의 협력이 요구된다. 두 직원 모두 훌륭한 성과를 보이는 상황이라면 인사부서와 적극적으로 상의해 장기적인 커리어 플랜을 갖추고 해당 직원과 공유해야 한다. 성과가 좋은 직원이 일시적으로 발생한 승진 시기 이슈 때문에 조직을 이탈하거나 동기부여가 낮아지는 상황은 조직관리자가 적극적으로 관리해서 피해 나가야 할 사안이다.

Q. 우리 팀은 올해 충분히 좋은 성과를 만들었는데, 막상 직원들에게 배분할 성과 재원이 충분하지 못할 때는 어떻게 해야 하는가?

A. 회사의 성과 재원은 부서별 성과에 따라 분배된다. 부서별 성과 수준에 따라 재원을 배분하지만, 부서의 조직관리자는 늘 부족하다고 느낀다. 따라서 당해 전체 성과 재원 중 일부는 별도로 유보하여 인사부서라든지 CEO가 활용할 수 있어야 한다. 특정 부서에 배분된 성과 재원만으로 탁월한 성과를 보인 직원에게 배분하는 데 충분하지 않을 수 있다. 이때 회사는 인사부서 혹은 CEO에게 배분된 성과 재원을 활용해 직원의 동기부여를 관리할 수 있다.

직원 관리는 인사부서와의 협력이 매우 중요하다. 조직관리자는 고성과자 부하직원이 더한 역량을 발휘하도록 유도하는 일이 주요 역할이기 때문이다. 이런 직원은 인사부서와 그 직원의 업무성과 내용을 공유해 공동으로 관리하는 활동이 필요하다. 이런 선제적 활동을 바탕으로 인사부서에 배분된 성과자원을 추가로 배정받거나 인사부서 재량으로 더 많은 성과 재원 배분이 가능할 것이다.

좀 더 장기적인 관점에서 생각해 보면, 조직관리자의 중요한 업무 중 하나가 회사 내 소속된 부서의 명성 관리 혹은 평판 관리이다. 부서가 잘하는 점을 CEO와 인사부서 및 유관부서에 적극적으로 전파해야 한다. 해당 부서는 조직 내에서 중요한 역할을 담당하며 회사에서 필요한 부서임을 회사 전체에게 각인시킬 필요가 있다. 이와 같은 명성 관리로 해당 부서는 회사로부터 많은 성과분배 재원을 할당받을 것이며, 직원들은 더 많은 승진 기회나 교육 참여 기회를 얻을 수 있다.

Q. 직원들이 성과 리뷰를 하기 위해서는 직원들의 업무 상황을 잘 파악해야 한다. 그런데도 조직관리자가 모든 것을 다 파악하기 힘들고, 그럴 시간도 부족하다. 직원들은 대부분 본인의 성과가 좋다고 생각하기 쉽다. 자칫, 직원들의 주장에 반박하거나 설명하기 어려울 땐 어떻게 대응해야 하는가?

A. 이 질문은 성과 리뷰를 정해진 시기에만 하는 걸로 오해한 탓에 생겨난 걱정이다. 또한 성과 리뷰를 다른 업무로 잘못 이해해서 발생한 문제이기도 하다. 조직관리자는 늘 직원들이 어떻게 업무를 수행하는지 관찰하고, 어떤 올바른 방법으로 일해야 하는지를 조언한다. 그것이 조직관리자의 기본 업무 그 자체이다.

인재육성위원회의 조직관리모델은 일과 성과 리뷰를 별개로 구분하지 않는다는 관점을 전제한다. 일상적인 업무 지도과정이 곧 성과 리뷰 과정이다. 이로써 직원들이 부족한 점을 피드백 받아 능률적으로 일할 수 있도록 지도하는 게 조직관리모델이다. 이 과정을 충실히 수행하면 자연스럽게 직원의 성과 수준을 파악하고 성과 리뷰를 위한 충분한 근거도 만들 수 있다.

주기적인 성과 관찰과 업무수행 방안을 조언했더라도 구두로만 진행하면 기억의 한계가 있기에 부족할 수 있다. 따라서 잦은 주기로 관찰내용과 피드백 내용을 기록할 필요가 있다. 이 자료는 인재육성위원회의 성과 수준 판단 근거로도 사용될 것이다. 따라서 성과 리뷰 결과에 불만을 가진 직원이 이의제기 절차를 밟을 때도 사용될 수 있는 중요한 자료가 된다.

Q. 기존 인사부서의 업무가 조직관리자에게 전가되는 것 아닌가? 현재 기본 업무도 바쁜데 이것을 몽땅 조직관리자가 도맡아야 하는가?

A. 조직관리자의 업무는 해당 부서의 성과를 최대화하는 것이다. 성과 수준을 높이기 위해 도전적인 목표를 설정하고 전문적인 업무 지식을 활용하여 업무를 수행한다. 업무수행 과정 중 적절한 리더십을 발휘해 직원들을 동기부여 시키고 역

량을 최대한 발휘하게 해야 한다.

여기서 확인할 성과 리뷰는 인사부서가 수행할 업무가 아니라는 점이다. 성과 리뷰는 업무수행 과정과 결과를 지속해서 관찰하고, 각 직원이 부서의 성과향상에 이바지한 정도를 파악하는 조직관리자의 고유업무이다. 직원의 업무 진행 과정을 관찰하고 이를 바탕으로 주기적으로 피드백하는 게 부서의 성과향상을 위한 조직관리자의 핵심 업무가 된다. 수많은 사람이 업무수행과 성과 리뷰를 별개의 업무로 파악하곤 한다. 하지만 성과 리뷰와 이를 바탕으로 이루어지는 피드백은 업무 과정에서 진행해야 한다. 업무수행 가운데 발견한 개선사항을 직원들에게 전달하는 과정은 매년(혹은 반기) 말에 진행하는 별개의 과정이라는 인식에서 벗어나 조직관리자의 고유한 기본 업무라고 제대로 인식할 대전환이 필요하다.

Q. at Work Log는 반드시 제출해야 하는가?

A. 조직관리자가 직원의 성과를 리뷰할 때 부각하는 문제점은 기억에 의존하기 때문에 드러나곤 한다. 기억에 의존한 성과 리뷰는 최근 발생한 이슈에 더 많은 중요도를 부여하고 기억이 희미한 과거 이슈는 상대적으로 작은 중요도를 부여해 리뷰의 정확성을 낮춘다.

기록하지 않으면 직원성장에 필요한 피드백을 놓치는 경우가 종종 발생한다. 따라서 직원의 성장을 기록하는 방법으로서 'at Work Log'는 효과적인 PDR 세션을 수행하기 위한 도구로 사용된다. 직원들에게는 '1-Line by 1-Week' rule에 따라 한 주 동안 수행한 업무를 한 줄 정도로 기록하도록 권장한다. 그리고 조직관리자에게는 '1-Comment by 1-Month' rule에 따라 한 달에 한 번 정도 직원의 업무와 생활을 한 문장 정도로 기록하는 원칙을 제안한다.

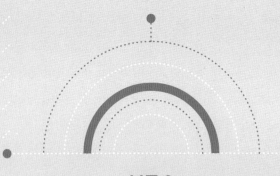

부록 3

조직관리모델 적용 사례
: 모 건설사

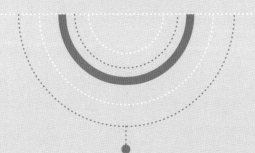

조직관리모델 적용 사례
: 모 건설사

이 내용은 모 건설회사에서 조직관리모델을 적용하고자 8개월여 컨설팅을 수행한 뒤 그 결과물을 종합 요약한 것이다. 프로젝트를 담당했던 부사장이 직접 작성한 내용 일부를 수정했다.

조직 운영모델 수립 컨설팅의 기본 방향 및 접근방법

Part Ⅰ. 배경과 전제

1) 배경과 의도

당사는 선명한 비전과 핵심 가치에 기반한 신뢰와 소통으로 조직 문화를 확산하면서 동종업계를 넘어 국내기업의 좋은 모범적 가치를 실현하는 기업이다. 세간의 주목받으면서 질적·양적 성장을 거듭해온 당사는 최근 조직의 내적·외적 환경변화에 직면하면서 조직 운영에 대한 변화의 필요성을 자각했다.

먼저, 외부적으로는 4차산업혁명으로 대변되는 비즈니스 환경의 파괴적인 혁신과 변화 그리고 예기치 못한 팬데믹 리스크로 과거에 경험하지 못한 불확실성의 경영환경에 직면하게 되었다. 내부적으로는 디지털 세계와 치열한 경쟁환경에서 성장해 자유와 공정을 중시하는 MZ세대가 조직의 중심세력을 형성하면서 조직은 피동적이고 경직되어 경쟁 지향적인 인재를 양산하던 기존의 전통적 성과주의의 한계를 절감했다.

당사도 경영환경 변화의 중심에 서서 장기적으로 지속 가능한 성장을 담보하기 위해 구성원에게 일의 자율성과 재량권을 주어 자기 계발과 성장의 욕구를 충족시킬 필요성을 느꼈다. 따라서 구성원들이 지닌 잠재력을 최대한 활성화하는 동시에 조직의 비전 성취에 몰입할 동기부여 시스템과 집단 지성으로 복합적인 문제 해결 능력을 활성화할 협력과 팀워크의 조직문화 구축이 요구되었다.

최근 몇 년간 외형적인 성장을 바탕으로 경쟁력 있는 회사로의 질적 도약이 가능한 경영시스템을 구축하여 장기적으로 생존할 수 있는 조직 운영모델의 정립이 필요했다. 따라서 이번 컨설팅은 단순히 인사제도의 약점을 보완하기보다 회사의 비전과 철학에 부흥하는 포괄적인 조직 운영모델을 미래지향적인 시각으로 새롭게 설계하고자 노력했다.

2) 조직책임자 중심의 조직 운영모델 정립

창업기의 작은 조직은 창업가 CEO가 소수의 인력을 직접 관찰한다. 직원들의 업무 능력과 수행 결과의 판단도, 그에 따른 보상도 단독으로 결정할 수 있다. 그러다가 조직이 커지면서 조직 일부가 분리되고 그 조직에 새로운 책임자를 선임한다. 이때 선임된 책임자는 창업가와 마찬가지로 맡은 조직구성원의 업무 능력과 수행 결과를 판단한다. 즉, 창업가로부터 조직을 관리하도록 권한을 위임받은 것이다. 이처럼 조직은 권한위임을 통해 성장해가는데, 커가는 조직에서 사람과 조직에 대한 rule과 process를 그동안 인사제도라고 불렀다. 인사제도는 권한을 위임받은 조직책임자가 활용하는 조직관리의 tool이라 할 수 있다.

따라서 조직 운영모델을 정립한다는 것은 레벨별 조직책임자에게 어떠한 권한을 위임하고 어떠한 책임을 부여할지를 배분하는 과정이다. 조직책임자가 활용할 수 있는 재량권을 정해주는 일이다. 이때 조직 차원에서 공통으로 적용되는 rule과 process가 인사제도가 된다.(예, 채용을 위해 면접은 몇 단계로 하고, 업무 리뷰는 1년에 몇 번 하고, 보상 권한은 누가 어느 정도로 행사하는지에 대한 rule setting)

지금까지 채용, 평가, 보상, 육성 등 일련의 인사제도가 인사팀의 관점에서 설계된 탓에 현업 조직과 동떨어진 제도로 적용되어 조직과 구성원의 현실 및 요구와 맞물려 효과적인 인사시스템으로 구현되지 못했다. 결국 조직원의 직무만족도 저하 등 여러 부작용을 낳았다.

어떤 인사제도든 실행은 조직의 책임자가 중심축이 되어 추진하고 인사팀은 실행을 지원한 뒤 모니터링을 하는 것이 본연의 역할이다. 인사시스템은 채용제도, 평가제도, 보상제도에 대한 조직책임자의 권한을 정해주는 rule과 process에 불과할 뿐이다. 그런데도 우리나라는 지금까지 인사제도 컨설팅에 의지하여 현장 조직과 동떨어진 인사팀만의 제도를 만들어 실행 권한을 쥐고 있다. 그 결과 제대로 된 실행은 없고 직원들의 불만은 폭발하기 직전까지 극대화되었다. 따라서 인사제도 운용 주체를 조직 운영의 주체이자 구성원 및 업무 이해도가 가장 높은 조직책임자(팀장 또는 임원, 리더)로 정할 필요가 있다. 리더를 중심으로 인사제도를 설계하고 추진함으로써 제반 인사제도가 목적하는 순기능을 최대한 살려야 한다. HR팀은 실행을 지원하고 사후 모니터링하는 본연의 임무에 충실해야 할 것이다.

3) 구성원에 대한 시각 : 신뢰와 존중

IMF 때 생사의 갈림길에 섰던 한국 기업에 생산성과 수익성을 강조하는 성과주의 인사시스템이 화두로 부상했다. 거의 맹신에 가까운 수용 현상이 벌어졌는데 여전히 그 영향권에서 벗어나지 못한 조직이 상당하다. 그러나 성과주의는 연공 서열 중심의 조직 관행을 개선하고 조직에 긴장감과 목표 지향의 업무수행을 강조하는 긍정적인 효과를 발휘하기도 했다. 하지만 냉정한 상대평가와 차별적인 보상에서 비롯된 소모적 경쟁과 부서 및 개인 이기주의가 조직 내 위화감과 냉소주의를 확산하여 조직간 협업 및 자발적인 참여를 가로막아 조직 전체의 효율성을 떨어뜨리는 부정적인 결과를 초래했다.

한국 기업은 그동안 성과주의 인사시스템이 구성원에게 주는 '불신'이라는 근본적인 메시지를 간과하여 조직과 구성원 간 불신의 인간관과 조직문화가 뿌리 깊게 자리했다. 이것이 결국 구성원의 몰입과 동기부여를 제한해 지속 가능한 성장을 이끌지 못하는 한계를 보였다. 따라서 당사는 전통적인 성과주의 폐해를 차단하여 구성원의 잠재력을 극대화하고 조직 비전에 구성원의 자발적인 참여와 몰입을 위해 상호 협력과 팀워크를 활성화할 수 있는 조직 운영모델을 제시하고 구성원에게 신뢰와 존중이라는 일관된 메시지를 전달하도록 설계하고 체계화하고자 했다. 이러한 인사제도 설계는 인사제도의 목적과 기대효과보다는 구성원에게 어떤 메시지를 전달할지에 대한 인사제도 설계의 근본 취지에 초점을 맞추었다.

Part II. 조직 운영모델 컨설팅의 철학적 기초

첫 번째, 사람에 대한 믿음과 협력이 성과를 만든다는 것이 조직 인사철학이다. 당사에 합류한 직원은 맡은 임무를 수행하면서 기대하는 업무성과를 내야 하는 전제가 있다. 따라서 기대하는 성과를 내는 직원에게는 합당한 보상을 제공하고, 더 탁월한 성과를 낸 직원에게는 더 많은 보상을 제공할 것이다. 또한 협력해야 조직의 성과를 높일 수 있다는 인식하에 조직 전체의 협력을 유도하는 장치를 마련했다. 기회를 주었지만, 조직의 기대에 부합하지 못할 때의 관리 방안도 분명히 검토했다.

두 번째, 조직책임자에게 합당한 권한을 위임하고 책임을 배분했다. 조직은 위임받은 조직책임자(매니저, 리더)가 주어진 재량권 범위 안에서 책임지는 자리다. 현재 당사의 전체 조직성숙도에 맞게 권한과 책임을 세팅하고 점차 조직관리 수준을 높여가도록 할 것이다. 이에 따라 인사팀은 각 조직을 지원하기 위한 새로운 역할을 부여했다.

세 번째, 인사철학-인사정책-인사 rule & process가 정렬되어 조직을 역동적으로 운영하는 것이 목표였다. 앞서 설정한 사람에 대한 믿음과 협력을 유도하는 인사철학과 이를 세부 영역별로 구체화한 인사정책 하에 조직책임자는 인사의 rule & process를 실행하면서 직원에게 직접적인 영향을 주게 될 것이다. 조직책임자가 어떻게 효과적으로 주어진 재량권을 활용하느냐에 따라 조직의 활력이 달라지고 직원들의 조직만족도가 변화할 것이다.

네 번째, 단번에 모든 것을 해결하기보다 단계별로 실행 강도를 높이면서 세부 조정을 하면서 실천했다. 조직책임자에게 권한을 배분하여 새롭게 조직 운영모델을 세팅하는 것은 단번에 끝나지 않고, 또한 쉽게 변화하기도 어렵다. 처음에는 현재보다 한 발 정도 앞서는 시스템을 도입해 변화의 물꼬를 튼 뒤 상황에 맞게 꾸준히 수정해가면서 실행의 강도를 높여갔다. 이때 조직책임자(리더)에게 권한만 위임하고 방치하는 것이 아니라 지속적인 훈련으로 소식관리 역량을 개발해줬다.

Part III. 인사시스템의 4가지 영역
(리더십/확보와 유지/성장과 개발/인정과 보상)

1) 리더십

당사는 사업수행 및 의사결정과 관련한 사업부 단위의 조직 구분을 본부(실)로 정의했다. 조직 및 인사관리의 실효성과 효율성을 높이기 위해 본부(실) 단위로 운영한 것이다. 아울러 리더가 부여된 권한으로 조직을 운영하고 직원을 육성하여 직원 만족과 성과 달성에 책임져야 한다는 점을 명확히 했다. 따라서 조직 및 업무, 구성원에 대한 이해도가 가장 높은 리더(팀장, 현장 소장)에게 실질적인 조직, 인사 운영을 위한 책임과 권한을 부여하였다. HR팀은 실행을 위한 지원 및 모니터링 구실을 함으로써 유기적이고 효율적인 조직 및 인사시스템이 운용되도록 했다. 즉, 리더 중심의 체계화된 조직, 인사 운영모델을 설계한 것이다. 이를 위해 리더가 조직 및 인사 운영을 합목적적으로 책임감 있게 수행할 역량개발 트레이닝을 우선으로 실행하였다.

2) 확보와 유지

직원의 확보 기준으로 건강한 가치관에 기반한 성장 비전과 혁신 전문성을 가진 인재라고 명시했다. 이에 적극적으로 동참하여

다 함께 회사 성장에 이바지하도록 이끌기 위해서다. HR팀의 핵심역량은 우리 조직에 적합한 사람을 채용하여 함께 가는 것이다. 이를 위해 채용 프로세스를 지금보다 강화하고 효율화하여 적합한 사람을 선별할 변별력을 높이고, 선발된 인재를 효과적으로 조직에 안착시킬 조직사회화 과정의 고도화가 필요했다. 우선, 일련의 채용 과정 중 면접단계의 검증 역량향상을 위해 구조화 면접을 신규로 도입했다. 이렇게 PT 면접을 강화함으로써 당사의 가치관에 적합한 인재를 선발하고 지원자에 대한 회사의 채용브랜드 향상을 도모하였다.

또한 신입, 경력사원별 조직의 가치 이해 및 성장 비전의 공유, 업무 이해 및 네트워크 형성을 통한 조직의 조기 안착을 지원하기 위해 단계별 온보딩 On Boarding 프로그램을 체계화했다. 한편, 신입사원 채용 시 공채의 장점(채용브랜드 및 지원자의 Quality 제고)과 수시 채용의 장점(맞춤형 인재 선발 및 채용의 적시성)을 모두 담도록 신입사원 공채를 연 2회로 확대하여 운영할 계획이다.

3) 성장과 개발

구성원의 성장과 개발을 위해 기대하는 업무성과를 낼 수 있다는 믿음에 기초하여 비교나 질책보다는 개선을 추구하고자 했다. 또한, 업무 협력을 유도하여 구성원 스스로 리더와 전문가로 성장하기를 요청했다. 이번에 새롭게 설계된 조직 운영모델의 가장 큰 변화는 성장위원회 신설 및 성장 플랜 도입이다. 구성원의 성장과 발전을 위한 리더 상호 간 공식적인 대화의 공간으로 성장위원회(본부/전사)를 신설 운영하였다. 그리고 성장위원회 중심으로 성과 리뷰, 승진리뷰, 육성리뷰로 구성한 성장 플랜을 새롭게 도입했다. 한편, 과거 전통적인 성과주의에서 비롯된 평가라는 용어가 갖는 부정적인 의미를 단절하기 위해, 새로운 인사시스템에서는 리뷰(또는 진단)라는 용어를 사용하였다. 과거보다는 내일의 더 나은 성과를 위해 함께 계획하고 준비하고자 하는 방향성을 명확히 했다.

[성장 플랜]

당사에서 구상한 성장 플랜은 성과 리뷰, 승진리뷰, 육성리뷰로 구성된다.

<성과 리뷰>

구성원의 1년간 업무수행 성과의 판단과정을 지난 업무의 잘잘못을 따지는 전통적 성과주의에 근거한 과거 회귀적 형태에서 탈피하였다. 인사정책의 지향점에 따라 앞으로 어떻게 성과를 낼지에 주목하는 미래지향적인 방식으로 전환했다. 이런 취지에서 성과리뷰라는 리뷰 프로세스를 도입하여 주어진 업무 기간(예, 1년) 동안 개별 직원이 어떤 일을 수행했고 다음 기간에 어떠한 일을 할지 상위 조직책임자가 함께 모여 의논하고 피드백 포인트를 찾아낼 것이다. 리뷰 세션에 참가하는 사람은 본부장, 본부 내 임원, 본부 내 팀장이며 이들이 함께 참여하여 소속 직원 한 명 한 명에 대해 깊이 있게 논의할 것이다. 이 과정에서 리더는 직원의 업무를 충분히 의

논하고, 특정 리더 한 명의 판단이 아닌 본부 소속 리더 전원이 함께 판단하는 풍부한 결과를 만들어 낼 수 있다.

상대 서열화와 차별적 보상, 피드백 부실에 따른 구성원의 수용성 저하 및 불만 고조 등 구성원의 불신에서 비롯된 과거 성과 평가 프로세스의 근본적인 개선을 위해 구성원에 대한 기본적인 시각을 신뢰의 관점으로 전환했다. 대부분 직원이 만족할 만한 성과를 내는 인재라는 전제하에 성과에 대한 리뷰 프로세스를 진행하였다. 이 리뷰 결과를 단순히 판단과 보상의 근거로 삼는 것이 아니라, 구성원의 성장과 발전을 위한 육성계획과 연계하여 역량개발을 통해 미래의 더 나은 성과를 창출할 인재로 성장하도록 설계했다.

따라서 구성원의 업무 수준 판단 역시 대다수 구성원이 만족스러운 업무수행 GD: Good을 했다는 전제하에 전체 직원을 60~80% 구간으로 가정했다. 그리고 그중 더욱 탁월한 성과를 낼 구성원 EX: Excellent은 약 10~30% 정도로 예측했다. 비율 분포가 범위로 주어진 것은 리뷰 세션을 통해 냉정하고 객관적으로 판단하고, 그 결과에 대해 성장위원회의 결정을 존중하기 위해서다. 그리고 예외적으로 부진한 성과를 낼 구성원 NI: Need Improvement을 0~10% 범위로 구분하였다. 이에 대해 별도의 육성계획을 수립하여 조직 전체의 성과향상을 도모하고 미래지향적인 조직 분위기를 만들고자 노력했다.

성과 리뷰에서 논의된 구성원의 심층적인 피드백 포인트는, 리더 (팀장, 현장소장)의 책임하에 해당 구성원에게 피드백 코칭으로 설득력 있게 전달하여 구성원의 수용성을 높이는 것이다. 나아가 충분한 상호 논의와 소통으로 더 높은 업무성과를 위한 역량개발 계획을 수립하여 다음 해는 향상된 성과 창출에 스스로 동기부여 되도록 유도했다. 기존 5단계의 상대 서열화 및 건조하고 책임 회피적인 피드백으로 구성원이 느끼는 인사고과에 대한 거부감 및 불신 그리고 이로써 야기된 부정적인 조직 분위기를 개선하여 지금보다 더 공감하고 격려하는 분위기로 전환하고자 했다.

<승진 리뷰>

상위 직급에 기대되는 역할 수행역량을 소유하고 있는지를 승진 후보자를 대상으로 검증하기 위한 과정으로 전환했다. (기존 승진 심사 대체).

<육성 리뷰>

성장리뷰 결과를 바탕으로 육성관리 대상자를 선정하며, 대상자 각각의 역량 수준을 분석했다. 역량개발을 위한 육성계획을 수립함으로써 구성원의 성장과 발전을 도모하여 미래에 더 나은 성과를 창출할 인재로 육성하는 과정이다.

[성장위원회]

<본부 성장위원회>

당사는 사업수행 및 의사결정과 관련한 사업부 단위의 조직 구분을 본부(실)로 정의하고, 조직 및 인사관리를 실효성과 효율성을 상향하기 위해 본부(실) 단위로 운영한다. 따라서 각 본부 내 성장위원회를 신설하고, 여기에서 본부 구성원에 대한 성과 리뷰, 승진리뷰, 육성리뷰의 프로세스를 진행한다. 본부를 리더 상호 간 공식적인 대화의 장으로 성과 세션, 승진 세션, 육성 세션을 운영하며, 리뷰 세션의 참가자는 본부장, 본부 내 임원, 팀장이나 HR팀장이다.

각 리뷰 세션에서는 해당 팀장이 구성원에 대한 기초 리뷰 의견과 견해를 개진하고 적극적으로 참가자들을 설득할 수 있다. 본부 내의 리더 또는 임원들이 충분한 논의를 통해 합리적이고 종합적으로 판단함으로써 풍부한 결과를 도출하도록 유도한다. 본부장은 위원장으로서 각 세션을 이끌며 합리적인 의사결정을 유도한다. HR팀장은 진행 과정이 가이드라인에 따라 질서 있게 진행되도록 관리하여 효과적인 위원회 심의가 되도록 진행한다.

<전사 성장위원회>

전사 성장위원회는 현재 인사위원회의 대체 기구로 최고경영진과 각 본부(실)장 그리고 HR팀장으로 구성된다. 본부 성장위원회의 세션 결과를 공유하고 상황에 따라 최종 의사결정과정을 진행

한다. 특히, 과장 이상의 승진과 보직자 선임 및 해임 등의 의사결
정을 논의한다.

4) 인정과 보상

구성원이 자긍심 있는 경제생활을 영위하도록 경쟁력 있게 대우
하며, 조직성과를 근간으로 보상한다. 이를 위해 보상 수준은 중견
건설사의 평균 이상을 상회하도록 하며, 중견 대기업과 비교해서는
추격하여 격차를 줄여가는 전략을 쓸 것이다.

<개인 보상>

개인별 보상을 위해서 성과 리뷰에서 결정된 3가지 등급 EX-GD-NI
에 따라 연봉인상률을 차등 적용한다. 탁월한 성과 그룹 EX은 기준
성과 GD 대비 대략 2% 이상 추가 인상을 제공한다. 업무 부진그룹
NI은 일정 수준 하향하여 건전한 긴장감을 유도하되, 기존보다 등
급 간 차등 폭을 축소하여 조직 내 위화감과 격차를 개선하였다.

장기적으로 리더(본부의 성장 위원회)에게 급여 인상 결정권을
부여하여 동일 성과등급이라 하더라도 기계적인 급여인상률이 아
닌 인상률 가이드라인 범위(예: GD 3~5%)를 제시한다. 그 범위
와 일정 재원 내에서 구성원 각각의 역량 및 성과(또는 형편)에 따
라 차등적으로 보상하여 지금보다 합리적인 보상이 이뤄지도록 운
영할 것이다.

그 이유는 동일한 만족스러운 업무 수준을 달성했다 하더라도 대리직급 수준에서 만족스러운 경우와 차장직급 수준에서 만족스러운 경우의 조직기여도가 분명히 차이가 있기 때문이다. 그것은 본부장 재량으로 범위 내에서 조정하도록 한다. 단, 본부에 할당된 급여 인상 재원 내에서 운영되어야 한다.

<성과급>

성과급은 조직성과 중심으로 보상해 구성원에게 협력의 중요성을 강조하고 적극적인 협업으로 조직성과를 높여 나가자는 메시지를 전달하고자 했다. 현재 보상제도는 전사 성과에 따라 전 구성원에게 기본급에 따라 동일 비율로 지급된다.

성과급은

1) 전사 성과급
2) 전사 성과급 지급 시 일부 성과 우수 본부에 추가 지급되는 본부 포상금
3) 팀(본사) KPI 성과 평가에 따라 일부(약 30%) 우수 부서에 지급되는 일종의 팀 포상금(현장은 성과급)으로 구성된다.

전사적인 협력을 최우선으로 강조하여 전사의 목표 달성률에 따라 전 구성원이 동일 비율로 받는 전사 성과급을 중심에 둔다. 더욱 우수한 성과를 보인 본부나 팀에게 추가로 포상금을 지급하고 있다. 당사는 팀 단위 또는 개인의 성과 평가에 따른 보상의 편차와 차등이 크지 않다. 전사 성과급이 보상의 대부분을 차지하는 구조

로 조직간 유기적인 협업과 팀워크를 활성화하여 전사 성과를 높여 나갈 때 보상 수준도 높아진다는 메시지를 구성원들에게 전달하고 있다.

① 전사 성과급

이러한 긍정적인 효과를 이어가기 위해 기존 전사 성과급 제도는 유지한다. 다만, 전사 성과급 수준을 결정하는 성과지표(수주액, 매출액, 영업이익 등)와 성과 구간을 사전 설정하고 이를 구성원이 예측할 수 있도록 동기부여 메커니즘을 명확하게 했다. 여기에 최고경영진의 전략적 판단에 따른 재량권을 부여하여 추가 보상의 가능성을 열어 두었다. 구성원에게는 성과급의 예측 가능성과 투명성을 높여가는 동시에 보상 수준은 최종적으로 최고경영진이 결정하도록 설계했다.

② 팀/현장 성과급

개인 성과에 연동된 보상 편차의 축소에 따른 조직의 긴장감 완화를 보완하였다. 단위조직의 성과향상을 위한 구성원의 협업을 강조하기 위해 일부 포상개념으로 지급되던 KPI 달성 팀 보상제도를 성과급 성격으로 재설계하여 팀 내 결속과 조직의 건강한 긴장감을 유지하도록 했다.

조직 단위 성과 리뷰로 팀 성과를 4등급, EX(10%) - VG(20%) - GD(50%) - NI(20%)로 구분하고, 각 등급에 따라 보상 수준을 차별화했다. 단, 보상 차등에 따른 조직 내 과도한 경쟁과 위화감 조성 그리고 팀 간 협업 마인드가 손상되지 않도록 차등 폭을 적정 수준으로 유지했다. 최하등급(NI)도 격려와 건전한 각성을 유도하는 의미에서 최소한의 보상이 이뤄지도록 설계했다. 더 잘한 팀에게 약간의 의미 있는 추가 보상을 제공하는 취지를 살리고자 한 것이다.

팀 성과 판단의 근거가 되는 KPI에 대한 구성원의 불신과 팀 성과측정의 한계를 극복하기 위해 KPI 지표를 기존 BSC 기반에서 벗어나 재무 지표 3~4개, 전략지표 3~4개로 단순화시켰다. 또한 목표설정 과정도 경영기획팀과 협의 후 본부(실)장이 최종 승인하도록 하여 팀 목표가 해당연도의 팀 성과를 충실히 반영하도록 보완했다.

팀 성과 리뷰 체계는 조직구조와 업무 성격에 따라 현행과 같이 영업 단위(10팀: 사장님 주관), 기술 단위(11팀: 건축본부장 주관), 경영 단위(10팀: 경영본부장 주관) 등 3개 부문으로 본사 팀을 구분 편성하였다. 각 부문의 성과 세션에서 KPI 리뷰 결과를 부문 내 리더들 간 충분한 논의와 합의를 거쳐 각 팀의 성과등급을 결정함으로써 팀 성과등급의 신뢰도와 수용성을 높였다.

또한 전사 성과급 지급 시 일부 성과 우수 본부에 포상개념으로 지급한 본부 단위 포상 제도 역시, 1) 본부 내 모든 팀에게 성과와 무관하게 지급되어 발생하는 무임승차 문제를 최소화하고, 2) 탁월한 성과를 낸 팀에게 충분한 보상이 이뤄지도록 하며, 3) 더불어 본부의 협업과 결속을 강화하는 본부 단위 보상효과를 그대로 살리기 위해 팀 성과급에 본부 할증률(100~150%)을 적용하는 방식으로 보상구조를 재설계했다.

위와 같이 성과급 제도를 변경하면 기본급과 성과급의 비중은 90:10 비율로 관리된다. 탁월한 팀에 소속한 우수한 직원이 약 7~8% 정도의 추가적인 보상 기회를 얻는 것이다.

Part Ⅳ. 결어

1) 실행 준비

이번 컨설팅으로 새롭게 제안된 내용을 조직 운영의 측면에서 세 가지로 요약할 수 있다. 첫째, 조직책임자(리더)에게 권한을 위임하며 책임을 부여한다. 둘째, 과거의 업무 달성 정도에 머무르지 않고 미래에 어떻게 더 나은 성과를 낼지 함께 논의한다. 셋째, 조직이 역동적으로 돌아가고 제안된 조직 운영모델을 효과적으로 작동시키기 위해 조직책임자(리더)를 집중적으로 육성한다.

이번에 제안된 다양한 아이디어를 실행할 주체는 조직책임자(리더)이다. 따라서 이들에게 권한과 책임을 주고 이를 효과적으로 수행하도록 다양한 훈련과정으로 조직관리 스킬과 능력을 키워주고 집중적으로 육성할 필요가 있다. 먼저 리더들은 성장 플랜 리뷰 훈련이 필요하다. 구성원의 다양한 업무수행 케이스를 발굴하고 이에 대한 리더들의 리뷰와 토의과정으로 구성원의 업무성과 우열에 대한 판단력을 키워야 한다. 또한, 리더들 상호 간의 판단 기준을 맞춤으로써 제안된 조직 운영모델에 대한 실행력을 상향해야 한다. 아울러 리더들에게 구성원의 코칭 및 업무 피드백 훈련, 커뮤니케이션 훈련도 함께 제공되어야 할 것이다.

한편, 보상 재원을 배분하는 훈련도 이뤄져야 한다. 리더가 당장 올해 보상을 배분하지 않더라도, 그에게 주어진 재원을 합리적으로 판단하여 직원들에게 배분하는 훈련도 경험할 필요가 있다. 즉, 직원을 뽑고, 업무를 배정하고, 그 업무 결과를 판단하고, 최종적으로 보상까지 할 수 있어야 진정한 조직관리 책임자라고 할 수 있다. 단번에 모든 것을 소화하지 못하기 때문에 계획을 세워 차근차근 훈련해가는 것이 중요하다.

2) 향후 과제

① 후임자 관리: 주요 보직의 대체인력 후보군(약 2배수)을 내부 육성하고 관리한다.
② 핵심 인재 관리: 소수 핵심 인재의 차별화된 관리 방안을 마련한다.
③ 유지관리: 대다수 우수 인재가 지속해서 성장할 기반을 마련하고, 불만족 요인을 정기 진단(몰입도 조사, 직원 경험)으로

제거한다.

④ 저성과자 관리: 저성과자는 집중적인 육성 기회를 제공하고, 함께할 수 없다고 판단되는 인력은 별도의 관리 방안을 마련한다.

⑤ 퇴직 관리: 퇴직자와 우호적으로 이별하고, 퇴직 Tracking으로 유지관리 개선 포인트를 도출한다.

3) 맺음말

당사가 현재 운영하는 인사시스템은 지금의 건강하고 합리적인 조직문화를 구축하는 데 의미가 있고 합목적적인 토대를 제공한다. 다만, 일부 부적합한 부분은 개선하고 변화된 경영환경에 맞는 방향으로 질적인 도약이 요구된다. 조직 운영 차원에서 조직책임자와 단위본부에 일부 권한과 책임을 위임하여 현재보다 효율적이고 생동감 넘치는 조직관리가 이루어지길 기대한다. 당사는 미래 환경변화에 대응할 바람직한 조직 운영모델을 갖추었으므로 장기적으로 지속 가능한 성장 모멘텀을 확보하는 소중한 계기가 되리라 확신한다.

리더에게 권한을 주고 조직 운영을 책임지고 수행하게 유도하는 조직 운영모델은 결코 새로운 방식이 아니다. 고대 로마군대부터 중세 유럽의 기독교조직까지 모든 조직은 권한을 어떻게 설계하는지 정도의 차이일 뿐이다. 권한 배분의 사다리라는 점에서 조직의 생리는 모두 같다고 할 수 있다.

이 원리는 산업에 따라 차이가 나지도 않는다. IT 기업, 엔터테인먼트 기업 등 최신 트렌드에 민감하고 상대적으로 젊은 구성원이 많은 조직은 더 빠르고 폭넓게 적용된다. 이번에 검토한 조직 운영 모델과 인사 운영의 rule & process는 착실히 실행계획을 세우고 실천한다면, 건설업계에서 모범적인 조직관리 사례로 존중받을 것으로 확신한다.

2023년 3월 3일 초판 1쇄 발행

지 은 이 조성빈 김석규 최장호 한광모
펴 낸 이 홍남권
펴 낸 곳 온하루 출판사
디 자 인 윤선화 박혜진
제　　작 (주)파코스토리

출판사 등록번호 제2014-000030호
출판사 주소 전북 전주시 덕진구 무삼지2길 10-3 4층
연 락 처 063-225-6949 / 010-7376-8430
이 메 일 nnghong@naver.com
ISBN 979-11-88740-27-7

값 16,000원